一眼识大唐

A Glance of Tang Dynasty

刘传铭 —— 著

新星出版社　NEW STAR PRESS

序：

Preface

　　1400年前的大唐王朝（618-907）在后世反复耕耘观照中，一方面花团锦簇，华光照眼，一方面迷雾重重，纷乱如麻。大唐这份遗产实在太丰厚了，并不因反复咀嚼而失去滋味和魅力。风月无边的289年江山像一场太阳和月亮的战争永无休止，又像是一幕流水落花的盛宴看不到尽头，还像一季琵琶起舞、唐诗咏唱的狂欢，让人不忍移开目光……缤纷大唐恰如一枚陈年橄榄，滋味深长。

　　说不尽的大唐故事总是从长安开始。

　　长安（今之西安）是历史上第一座被称为"京"的城市，也是历史上第一座真正意义上的城市。今天，它和雅典、罗马、开罗比肩，成为世界上四大文明古都。

　　周朝的丰镐（后来的长安）典籍太少，已难寻踪迹。

　　秦建都咸阳时，长安其地为秦都的一个乡聚，是秦始皇的兄弟长安君的封地，因此被称为"长安"。长安，长安？并非长居久安。秦时的阿房宫、汉时的未央宫等城市标志性

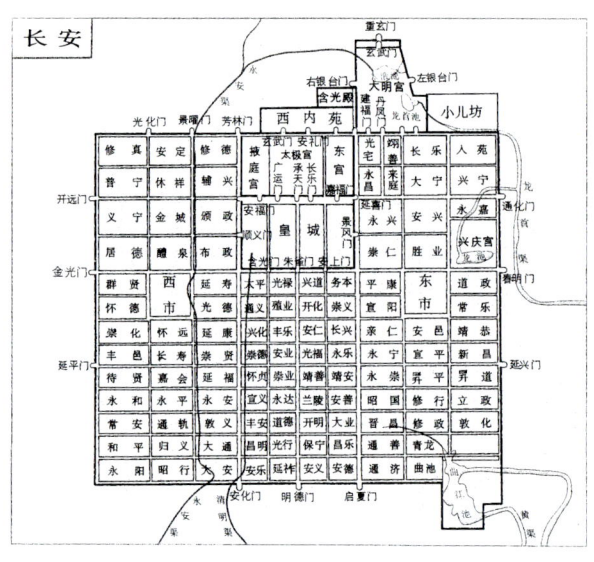

唐代长安布局示意图

唐代长安布局示意图

唐长安城建筑在隋大兴城上，是唐朝的都城，初名京城，天宝元年（742）称西京，至德元年（756）称上都。

唐长安城布局井井有条，宛如棋盘，如白居易所说"百千家似围棋局，十二街如种菜畦"。长安城由皇城、宫城和外郭城组成，后因皇城地势低又潮湿，再在龙首原上建了大明宫。

唐末，梁王朱全忠下令拆毁长安城。其遗址散落在今陕西省西安市的城区、东郊、南郊和西郊等地带。

建筑早已在战火中灰飞烟灭。

直至公元618年唐朝建立，改隋都"大兴"为"长安"后大兴土木，一步步修建和完善。唐太宗和唐玄宗年间先后增建了大明宫和兴庆宫等"以家代城"的宫殿，与最初的太极宫合称"三内"，形成了长安城"非均衡对称性"的格局。长安城的英雄气概、千般风流和帝都轮廓至此才逐渐清晰起来。

唐长安城周长达35.56公里，面积约87.27平方公里，是如今西安城墙内面积的9.7倍，西汉长安城的2.4倍，元大都的1.7倍，明清北京城的1.4倍，公元5世纪所修君士坦丁堡的7倍，公元9世纪所修巴格达的6.2倍以及古代罗马城的7倍。盛唐时的长安无疑为当时规模最大、最繁华的魔都。

整座城市，宛如棋盘，井井有条。长安城分三部分：皇城、宫城和外郭城。后来因皇城地势低又潮湿，再在龙首原上建了大明宫。宫城在北，皇城在宫城北。纵横交错的大街将城

阙楼仪仗图绘于懿德太子墓的墓道东西两壁上，以山为背景，由远及近是城墙、阙楼和仪仗队众多人物，画面壮阔。

阙，夹门而建，是宫门前的标志性建筑。该阙楼为一母阙二子阙，即"三出阙"，属封建帝王等级，超越了太子使用"二出阙"的标准，反映了"号墓为陵"的意图。朱红阙楼高大雄伟，其出檐远，斗拱大，金铜饰件，反映了皇家建筑金碧辉煌的豪华气派，是唐代壁画中场面最大的存世作品。

阙楼仪仗图（局部）
唐·乾陵懿德太子墓壁画
陕西历史博物馆藏

划分为109个区域，东西各有两市，老百姓住在各个坊里。当时的长安没有现代意义上的街道名称，是以对着城门的通衢大道为线和坊间格局为点来划分城市的。如白居易所说，"百千家似围棋局，十二街如种菜畦"。那时城市正中的朱雀大街，宽约150米，绵延5000多米。遥想当年那些第一次来长安的人，城墙高得让人仰望时抬头掉帽，马路宽阔得让人横穿时迷茫无措。行人如织，欢声笑语，灯火辉煌。盛世，总令人神往。

唐长安城鼎盛时期常住的200万人口中，除居民、皇族、达官贵人、兵士、奴仆杂役、佛道僧尼、少数民族外，外国的商人、使者、留学生、留学僧等总数不下3万人。当时来长安与唐通使的国家、地区多达300个。唐的科技文化、政治制度、饮食风尚等从长安传播至世界各地。另外，西方文化通过唐长安城消化再创造后又辗转传至周边的日本、朝鲜、缅甸等国家和地区。唐长安成为西方和东方商业、文化交流的汇集地，长安是当时世界上最大的国际大都会。

对于长安的印象,是由一个人进入这个城市的切口来决定的。或者说,你由哪一级台阶踏入帝京看到的景观便是哪一级风景。

先说一个出身"世敦儒业"小官僚家庭的书生白居易,他年轻时去长安求学拜见诗人顾况。顾况一听他这名字便不停地摇头:"长安米珠薪桂,居大不易啊!"顾况之一声叹息可谓是看到了帝都万家灯火下的阴影,他不是有意抹黑长安,而是对于当时"长漂"们艰辛的同情。杜甫在《奉赠韦左丞丈二十二韵》中说得更加清楚明白:

　　朝扣富儿门,暮随肥马尘。
　　残杯与冷炙,到处潜悲辛。

白香山后来考中进士,便在雁塔题名:

　　慈恩塔下题名处,十七人中最少年。

人们一无例外地相信:盛唐的长安是美女之都、美食之都、美乐之都、美文之都、美酒之都,是吃货的天堂、诗人的乐园、商贾的钱库和帝王君临四方的万世基业……

《宫乐图》画宫乐燕席。中央是一张大型长方桌,众人围坐四周。上方四人分持胡笳(筚篥)、琵琶、古筝与笙。桌中间摆着一个侈口弧腹大盆,那是专门用来盛茶的,一只长柄茶杓置于盆中。以茶盆为中心,四周分置果盘、花形碟、双耳杯、茶碗等品茗器具。画中人或鼓瑟吹笙,弹拨琵琶,或轻摇团扇,持饮听乐,个个意态悠然,无不陶醉在这场牙板点敲的美丽茶席之中。

宫乐图
唐·佚名
绢本设色
纵48.7厘米　横69.5厘米
台北故宫博物院藏

其得意无疑是缘于生活大为改观。杜甫却不然,虽也曾官拜"左拾遗"和"杜工部",由于"性格决定命运",两人晚景大不相同。"朱门酒肉臭,路有冻死骨"一语成谶,成了杜甫自己的悲情宿命。但长安的大门都曾为这些有才华的年轻人打开过。长安是开放大唐的象征。它像一面招摇的旗帜,吸引着人们从四面八方纷至沓来。

对于诗仙李白来说,长安又是另一番光景。他的诗里写道:

五陵年少金市东,
银鞍白马度春风。
落花踏尽游何处,
笑入胡姬酒肆中。

太白醉酒图
清·苏六朋
纸本设色
纵 204.8 厘米 横 93.9 厘米
上海博物馆藏

《太白醉酒图》写李白醉酒于玄宗殿内由内侍二人搀扶的情景。李白戴学士巾,五绺清须,眉宇间流露出高傲之态,侧目下视侍者。这二人大概就是坊间传说中权倾天下的高力士和杨国忠。传说李白为了羞辱这两位奸佞之臣,在填写"清平调"词章时,请玄宗命二人,一为捧杯,一为脱靴。对于诗仙李白来说,长安又是另一番光景。他在诗里写道:"胡姬貌如花,当垆笑春风。"不知有多少人醉倒在绿眼卷发的迷梦中,醉倒在这富贵温柔乡里不愿醒来。李白后来赐宴金殿,写出《清平乐》三首也就顺理成章。甚至被"赐金还山"踢出京城后,也依然揪心揪肺地喊着:"长相思,在长安……"

"胡姬貌如花,当垆笑春风。"不知有多少人醉倒在绿眼卷发的迷梦中,醉倒在这富贵温柔乡里不愿醒来。李白后来赐宴金殿,写出:

云想衣裳花想容,春风拂槛露华浓。
若非群玉山头见,会向瑶台月下逢。

《清平乐》三首也就顺理成章。甚至被"赐金还山"踢出京城后,也依然揪心揪肺地喊着:"长相思,在长安……"

我们再来看看站在丹墀高处一些人眼中的长安。

唐朝政治家文学家苏味道是一位明哲保身的官油子。武则天在位时强权当政，苏味道深谙台阁故事，为避免得罪各方，他处事圆滑模棱两可，人称"苏模棱"的写道：

火树银花合，星桥铁锁开。
暗尘随马去，明月逐人来。
游伎皆秾李，行歌尽落梅。
金吾不禁夜，玉漏莫相催。

宗楚客曾为韦后朋党，景龙四年李隆基率兵诛韦后，楚客亦伏诛。死前一年，楚客是这样描写长安风景的：

窈窕神仙阁，参差云汉间。
九重中叶启，七日早春还。
太液天为水，蓬莱雪作山。
今朝上林树，无处不堪攀。

九五至尊帝王眼中的长安又是如何呢？

太宗李世民眼中的帝京：

秦川雄帝宅，函谷壮皇居。
绮殿千寻起，离宫百雉馀。
连薨遥接汉，飞观迥凌虚。
云日隐层阙，风烟出绮疏。

玄宗李隆基眼中的长安依然是歌舞升平，夜夜笙箫，纸醉金迷：

九达长安道，三阳别馆春。
还将听朝暇，回作豫游晨。
不战要荒服，无刑礼乐新。
合酺覃土宇，欢宴接群臣。
玉斝飞千日，琼筵荐八珍。
舞衣云曳影，歌扇月开轮。
伐鼓鱼龙杂，撞钟角牴陈。
曲终酣兴晚，须有醉归人。

今天我们已经不知道这些语焉不详的诗歌离长安的历史真相究竟有多远，但有一点可以肯定，这些诗歌还不能概括长安城的浮生世相，因为人们一无例外地相信：盛唐的长安是美女之都、美食之都、美乐之都、美文之都、美酒之都，是吃货的天堂、诗人的乐园、商贾的钱库和帝王君临四方的万世基业……各见所见，每个人心中都有一个长安，就连市井百姓在面对"万千家似围棋局，十二街如种菜畦"时，也能感受到它的酒气、香气、花气、骚气、豪气、文气、富气，浩浩荡荡，千年不绝。每个人用自己的想象去勾勒盛世繁华。一千多年过去了，西方史学家相信"凡是存在的文明都终将会消亡"，他们也许永远也不会明白，"大唐之国"没有因王朝的更迭而消失，长安还活着！千年的长安文脉悠远，风骨犹在。盛唐的辉煌早已融在一草一木，只等春风吹又生。一砖一瓦，且待收拾金瓯缺；一画一书，但凭一眼识大唐。

中国人的文化就是中国人的宗教，中国人相信：

文明若未断绝，记忆便可复活。

大明宫遗址及大明宫恢复想象图

序

目 录
Contents

第一篇 | 挽重若轻《步辇图》 ... 1
第二篇 | 一幅美人图　半部大唐史 ... 19
第三篇 | 牛眼里的"开元盛世" ... 37
第四篇 | 神骏超迈　国脉所系 ... 53
第五篇 | 高逸低处是凄凉 ... 65
第六篇 | 茶香浓时琵琶醉 ... 77
第七篇 | 道德镜鉴　招魂经幡 ... 91
第八篇 | 美人如花花如梦 ... 103
第九篇 | 兰亭远眺话风流 ... 119
第十篇 | 一梦可奠百世基 ... 147
第十一篇 | 风雅"中兴颂"　徘徊"幸蜀图" ... 159

结束语 ... 175
附：唐朝历史文化大事简表 ... 177
　　参考文献 ... 180
　　作者介绍 ... 180

挽重若轻《步辇图》

首先选择阎立本画的《步辇图》来透视大唐应该不会错。

用今天的眼光看过去,如果说"辇"是古代的交通工具,还不如说它是享乐的道具。成语"出舆入辇"就是形容一个人的骄奢与慵懒。"辇"在古代是车之一种,用人肩手挽为"步辇",以马驭拉行则称"辇辂"。古语中有"二马为车,四马为驷,八马为辇"之说,因此,"辇"也是身份象征的"礼器"。

除了《步辇图》,我们现在还能看到阎立本在《历代帝王图》中画过魏晋南北朝时陈宣帝乘辇的"标准像"。东晋顾恺之也画过"汉成帝招班婕妤同辇图",画题中就有:"班婕有辞,割欢同辇,夫其不怀,防微虑远"句,说的是班婕妤拒绝和成帝同辇出行,以防僭越礼制,坏了皇家规矩。北魏司马金龙墓出土的漆屏中也有同一题材的绘画,看来"辇"曾经在古代非富即贵的圈子里颇为流行,只是今天早已淘汰了。

步辇图
唐·阎立本
绢本设色
纵 38.5 厘米 横 129 厘米

北京故宫博物院藏

阎立本(601—673),唐代雍州万年人,隋代画家阎毗之子,阎立德之弟。先后任刑部侍郎、工部尚书、右丞相。擅长书画,最精形似,作画所取题材相当广泛,如宗教人物、车马、山水,尤善人物肖像。

《步辇图》是阎立本以贞观十五年(641)吐蕃首领松赞干布与文成公主联姻的历史事件为题材,描绘唐太宗接见来议娶文成公主的吐蕃使臣禄东赞的情景。画面左侧三男子面向唐太宗。一人身穿红袍,虬髯执笏,为引班的礼官。中间是身着西域流行的联珠纹袍的禄东赞,他拱手肃立,神情敬畏。"步辇"如移动的坐榻,唐太宗端坐其上威严自若,而又显得疏朗睿智。六宫女挽带抬辇,三宫女在两旁撑扇、持华盖,各具姿态,顾盼神情无不投射在太宗身上,众星拱月般凸显出主人不怒而威的特殊地位。此刻,左边觐见的三人微微仰望和太宗略略俯视的目光交流融汇,组织出一个富有节奏又和谐统一的完美乐章。

《步辇图》画的是贞观十五年（641）春，唐太宗接见吐蕃王松赞干布的使者、相国禄东赞来长安和亲，议娶文成公主的场景。画面左侧三男子面向唐太宗。一人身穿红袍，虬髯执笏，为引班的礼官。中间是身着西域流行的联珠纹袍的禄东赞，他拱手肃立，神情敬畏。后面跟着身穿白袍的内官。"步辇"如移动的坐榻，唐太宗端坐其上威严自若，而又显得疏朗睿智。六宫女挽带抬辇，三宫女在两旁撑扇，持华盖，各具姿态。尤为难得的是画家将抬辇、撑扇、持华盖的众宫女处理得错落有致，正侧不一，但她们的顾盼神情无不投射在太宗身上，众星拱月般凸显出主人不怒而威的特殊地位。此刻，左边觐见的三人微微仰望和太宗略略俯视的目光交流融汇，组织出一个富有节奏又和谐统一的完美乐章。

若在《步辇图》上再仔细考究，我们可以从矜持的禄东赞的神态中读出这位不辱使命的外交家的智慧。禄东赞肩负着吐蕃王向"天可汗"唐太宗求亲的使命，坊间传闻，议娶文成公主时太宗出了三道题刁难这位吐蕃使臣，让他回答天上的星星有多少，如何将一根细绳穿过九曲钻孔之珠，如何在一群淡妆浓抹衣袂相同的佳丽中一眼辨识出文成公主，禄东赞巧辩应答，释疑决断，用太宗的头发之数来比喻天上的星星，用蚂蚁嗅糖来巧穿九曲之珠，用绿蜂飞绕从百位佳丽中辨识出文成公主。后来文成公主远嫁吐蕃成就千古佳话，禄东赞功不可没。人们便相信新旧唐书上记载的这一段故事所言非虚。

这一历史事件中人物众多，当然画面聚焦的还是此刻坐在步辇上的唐太宗。

从太宗若有所思的神色中，有人推想这位从善如流的皇帝，此刻也许正在咀嚼贤相魏征的诤言之谏："竭诚则吴越为一体，傲物则骨肉为行路。"和亲大计当然不会像今天电视剧情节那样轻松传奇，以和亲结盟来促进民族团结在当时是大唐外交政策的基调。毋庸置疑，官至右相的画家阎立本，一定也是"和蕃联姻"这一重大外交决策的参与者，故而能入木三分地刻画人物，使千年以前唐朝的这一幕在我们

从太宗若有所思的神色中，有人推想这位从善如流的王者，此刻也许正在咀嚼贤相魏徵的诤言之谏："竭诚则吴越为一体，傲物则骨肉为行路"。是耶非耶？

步辇图（局部）

步辇图（局部）

《步辇图》上，禄东赞矜持的神态让我们读出了这位不辱使命的外交家的智慧，他肩负着吐蕃王向"天可汗"唐太宗求亲的使命。坊间传闻，议娶文成公主时太宗出了三道题刁难这位吐蕃使臣。让他回答天上的星星有多少，如何将一根细绳穿过九曲钻孔之珠，如何在一群淡妆浓抹衣袂相同的佳丽中一眼辨识出文成公主。禄东赞巧辩应答，释疑决断，用太宗的头发之数来比喻天上的星星，用蚂蚁嗅糖来巧穿九曲之珠，用绿蜂飞绕从百位佳丽中辨识出文成公主。后来文成公主远嫁吐蕃，成就千古佳话，禄东赞功不可没。

《唐六典》提及川蜀织造"蕃客锦袍",系由唐代成都织锦工人每年织造二百件上贡,专供唐政府赠予远来长安的使臣或作为特种礼品。沈从文将禄东赞穿的这件朱地联珠立鸟纹圆领长袍称作"小袖花锦袍"。姜伯勤则认为根据上面的图案,"这是典型的萨珊风格的胡锦"。阎立本人物刻画入木三分,而且用禄东赞身穿"天可汗"唐太宗赠赐的衣服来觐见皇帝,也体现了他们之间主宾关系之外的政治隐喻和弦外之音。藏学家王尧曾经指出:"从历史记载上看,吐蕃人始终没有学会种桑、养蚕和缫丝织绸的技术,一直依靠唐朝馈赠、贸易或者通过战争手段去掠夺这种纺织品。"吐蕃人使用丝绸的情况,过去主要依据文献材料和图像资料来加以推定。《步辇图》可谓铁证。

联珠纹对鸭纹幼儿锦袍
8世纪吐蕃时期
美国芝加哥普利兹克收藏

眼前复活。也有人对此质疑,认为像唐太宗这样一代枭雄,在"玄武门之变"时弑兄诛弟,逼父退位,可谓心狠手辣,怎么会如眼前画中描述的那样安详和泰呢?据此推断《步辇图》一定是颂君的"马屁图",只不过是想将李世民早年的污点洗白而已。是耶非耶,莫衷一是。

戏说当然不必深究。

让我们看看《旧唐书》中记录的国家形势:

当时中亚西突厥汗国统辖着南至克什米尔、北至阿尔泰山的广大地区,它西接波斯萨珊王朝,东到甘肃玉门关,西域各国和中亚各绿洲小国都在它的势力范围之内,西突厥汗国是控制丝绸之路中段的霸主。贞观十四年(640),唐讨平多次阻止西域诸国和唐往来的高昌,接着又攻占了焉

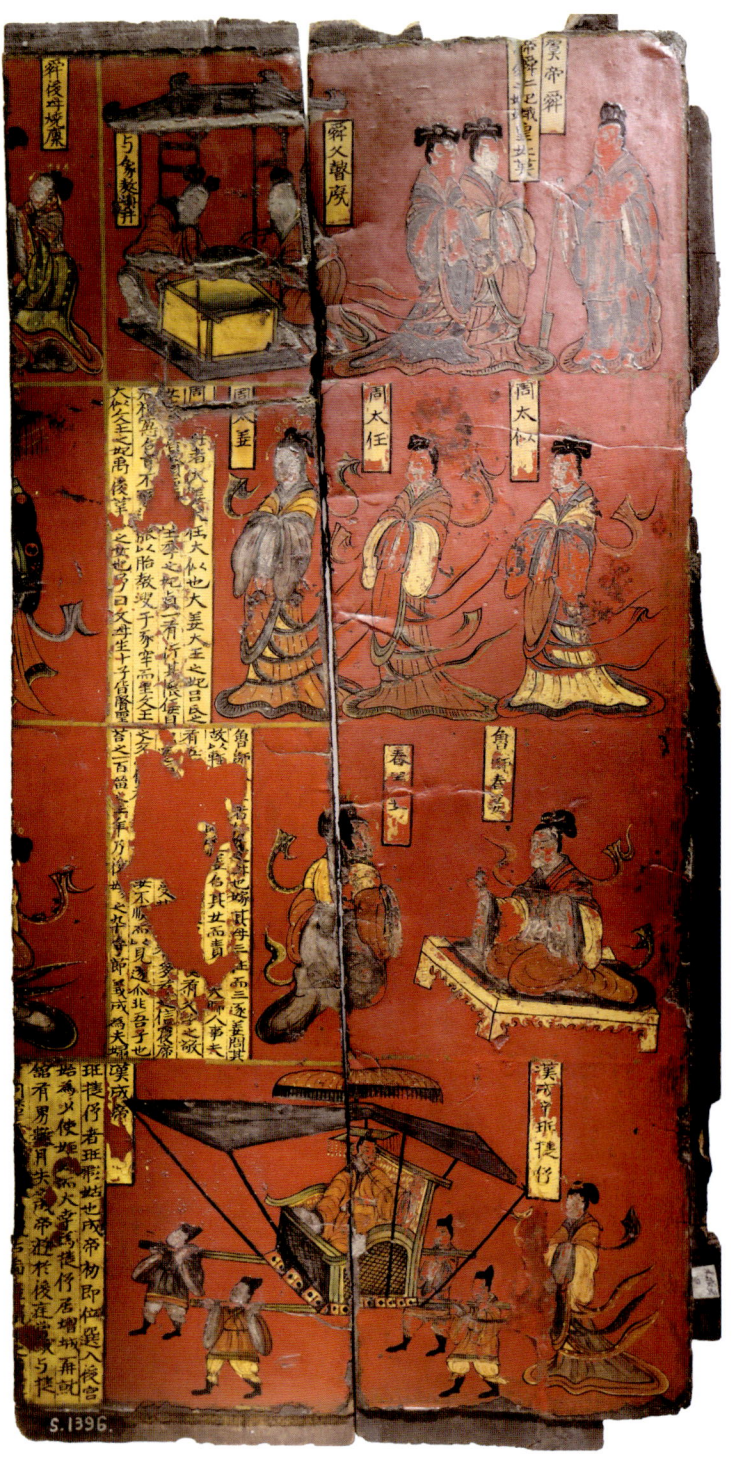

"辇"曾经在古代非富即贵的圈子里颇为流行。东晋顾恺之画过《女史箴图》,其中有"汉成帝招班婕妤同辇图",画题"班婕有辞,割欢同辇,夫岂不怀,防微虑远"句,说的是班婕妤拒绝和成帝同辇出行,以防僭越礼制,坏了皇家规矩。出土于北魏司马金龙墓的漆屏中也有这一题材的绘画。

司马金龙墓屏风漆画
北魏
木屏风
长82厘米 宽40厘米
厚2.5厘米

山西博物院藏

耆、龟兹等国，才迫使西突厥乙毗射匮向唐请婚，唐太宗提出"割龟兹、于阗、疏勒、朱俱波、葱岭等五国为聘礼"，其意图就是要夺取对西域诸国的控制权。经过三十多年的征战，唐朝终于灭亡西突厥。

与唐朝几乎同时期兴起的吐蕃，从贞观年间就开始以强悍姿态出现在亚洲竞争舞台上，连年进攻唐朝西部、吐谷浑和西域，竭力推进西羌诸部统一，扩大青藏高原以外的势力。这时，唐王朝正在集中兵力对付西突厥和高句丽，所以"和亲"是彼时国家战略，至少也是权宜之计。

历史上相互关联的各民族、各部落，其盛衰兴亡总是表现出连环性、依赖性，民族之间的和睦也取决于双方势力的对比，最明显的就是唐朝"和亲"。当唐王朝依靠富强的国力达到军事极盛时，往往很少同意"和亲"；当唐朝顾不上或无力解决一个地区民族矛盾时，才会同意用和亲手段促进邻族和睦。实际上，突厥、吐蕃、吐谷浑、突骑施等向唐朝请和时，多半就是它们之间开战或国力衰弱时，这就是唐朝羁縻、分化或结盟其他民族的基本原则。处理错综复杂的民族关系和国家矛盾需要政治智慧和权衡利弊，有时是雷霆手段，兵戎相见，有时又需要觥筹交错，把酒言欢，甚至用喜结连理的红丝带把国家利益捆绑在一起。

在中国历史上，从汉时的昭君出塞到唐朝的文成公主远嫁，"和亲"是政治谋略，也是文化传统。无独有偶，世界上也不乏此例。欧洲的奥匈帝国是哈布斯堡王室创造的长达六个半世纪的强盛帝国，只不过在刻薄的文人嘴里，它是个"用下半身征服世界的帝国"。绘画毕竟不是历史教科书，无法备述问题的复杂性。更何况历史无真相，只存在于叙述者的倾向性记录里。"剪不断，理还乱"的关系错综复杂，也令后世人头疼。还是暂时离开这一类宏大叙事，回到图像本格阅读的愉悦中来吧！

阅读《步辇图》，有一点可以肯定，李世民喜欢乘步辇。他在自己的诗中就多次描写过在宫苑中乘坐步辇游憩和处理公务:"岩廊罢机务,崇文聊驻辇","闾阖总金鞍,上林移玉辇","驻辇华林侧,高宴柏梁前",这些诗可以和《步辇图》中的场景互为映衬。因此,唐太宗在处理和亲事件时,只是生活中的常态之一,自然能安之若素,气定神闲。《步辇图》也将他君临天下之万千气象精准地刻画与表现出来了,这岂非正是这一历史画卷的高妙之处?

历史的复杂性由那些决定家国命运的历史人物的性格复杂性决定。"苟利家国生死以,岂因祸福避趋之"。在必须下决心做选择时,尤其在杀伐决断的关键时刻,生死尚且置之度外,又岂能顾忌自己的生前身后名?老百姓都知道"当断不断,反被其乱"的道理。"玄武门之变"时"宫斗"如此惨烈,纵然李世民在"玄武门之变"中使用了不仁手段,今天也不必对他作道德审判。"贞观之治"已经泽被苍生,造福大唐,何需"道学家"们惺惺作态的聒噪?

《步辇图》中皇帝虽然坐在步辇上,但也可以看出太宗体魄高大,与抬辇仕女娇媚的身姿形成很大反差。乍看上去负重前行的一队九人不仅没有东倒西歪,还你顾我盼神态轻松地关注着彼此,无声协调着各司其职,眉眼浅笑中只含了微微轻喘。若说太宗李世民处理军国大事是举重若轻,那么这批仕女则是"挽重若轻"。用杨柳摆风般的婀娜身姿衬托出太宗千斤坠石般的稳如泰山。也许有人会说这不真实,不符合生活,如此纤弱的女子怎么会抬得动如此高大威猛的男人,而且还是"挽重若轻"一派轻松?答案其实就在画中。原来阎立本画的是"驻辇"的一瞬间,步辇下的腿已着地支撑了。画笔"以静制动"定格的正是画中人由动到静的一刹那。什么质感、动感、体积感、节奏感,统统搞定!这正是中国画经典之所以为经典,细微之处见功力。

值得一提的是阎立本的笔法线条,不再是晋时的"春蚕吐丝"般的"高古游丝描",而是细劲坚实、凝重有力的铁线描。画家又善施朱砂、石绿,将相生相克冷暖色调和成"销银作月色布地"。中国人物画至此终于从六朝的"迹简意澹""雅正精致"逐渐走向"焕灿而求备"的盛唐画风。

历代帝王图(局部)
唐·阎立本
绢本 设色
纵51.3厘米 横531厘米
波士顿美术馆藏

特别强调一下，西方的历史画如《保罗六世加冕礼图》《拿破仑过阿尔卑斯山图》《攻占冬宫图》等都会用浓墨重彩具体刻画历史事件的环境与背景，宫殿辉煌、建筑宏伟、山峰险峻，自然万象，无一不极尽精微，翔实而具体地烘托出绘画主题的场面宏大气氛浓烈。而中国历史画，尤其是唐朝的画风如《步辇图》《簪花仕女图》《虢国夫人游春图》等则

12　一眼识大唐

宋人摹女史箴图卷（局部）
佚名
纸本墨笔
纵 27.9 厘米 横 600.5 厘米
北京故宫博物院藏

将全部注意力倾注到对画面中历史人物的表现上，一切背景均被省略。可谓"不着一笔，尽得风流"。

一般说来《步辇图》的释读和欣赏到此可告一段落了，但它作为唐王朝形象信息资料库的发掘工作远远不能停下来。《步辇图》中有两个历史人物，前面说了唐太宗，现在该来说一说吐蕃使臣禄东赞。

站在太宗对面拱手而立的三个人中，穿着鸟兽纹长袍的便是禄东赞。历史上的禄东赞身材几何，大概已无可稽考。眼前的禄东赞在太宗的高大形象对映下显得特别弱小。我猜想这应是阎立本的精心设计，至少也是对历史真相的选择性表现。其目的是让人一目了然地看到大唐对吐蕃的力量对比，以及羁縻关系背后的不和谐。

另外，禄东赞穿的这件圆领长袍上可以清楚地看到朱地联珠立鸟纹。沈从文将这件长袍称作"小袖花锦袍"，认为它就是《唐六典》提到的川蜀织造的"蕃客锦袍"，系由唐代成都织锦工人每年织造二百件上贡，专供唐政府赠予远来长安的使臣或作为特种礼品。姜伯勤则认为根据上面的图案，"这是典型的萨珊风格的胡锦"。这不仅证明了阎立本入木三分的人物刻画能力，而且用禄东赞身穿"天可汗"唐太宗赠赐的衣服来觐见皇帝，也体现了他们之间主宾关系之外的政治隐喻和弦外之音。

藏学家王尧曾经指出："从历史记载上看，吐蕃人始终没有学会种桑、养蚕和缫丝织绸的技术，一直依靠唐朝馈赠、贸易或者通过战争手段去掠夺这种纺织品。"吐蕃人使用丝绸的情况，过去主要依据文献材料和图像资料来加以推定。《步辇图》绘出唐贞观十五年（641）吐蕃使节迎请文成公主入藏的场景可谓铁证。吐蕃、回纥等通过与唐和亲，得到了唐朝先进的物质、技术和文化，增强了自身的实力，使"甥舅关系"变为了"兄弟关系"，后来达到了平起平坐的地位，这当然是唐朝意想不到的结果。史料证实，吐蕃人始终没有学会制作丝绸，可能与西藏高原自然条件所限，无法提供丝的原料和未能掌握缂丝织锦技术有很大关系。但吐蕃、回纥等西域少数民族对如花似锦的丝绸的喜爱与渴望却与日俱增，他们通过各种手段来满足自己的欲望。于是一缕缕纤丝便让唐王朝和西域各国纠缠到了一起。更让唐朝意想不到的是因这类"在太阳下会闪闪发光的织物"引出的丝绸之路，还让从长安到罗马的漫漫长途，从汉武帝经略西域时的战略要道，演化成欧亚交流的贸易之路和中欧文明的大通道。

西方的历史画都会用浓墨重彩具体刻画历史事件的环境与背景，无一不极尽精微，翔实而具体地烘托出绘画主题的场面宏大，气氛浓烈。而中国历史画，尤其是唐朝的画风如《步辇图》《簪花仕女图》《虢国夫人游春图》等则将全部注意力倾注到对画面中历史人物的表现上，一切背景均被省略。可谓"不着一笔，尽得风流"。

跨越阿尔卑斯山
圣伯纳隘道的拿破仑
19世纪
雅克·路易·大卫
画布
纵271厘米 横232厘米

巴黎凡尔赛宫藏

17　挽重若轻《步辇图》

1722年10月25日—汉斯路易斯在兰斯的加冕宴会
1722年
皮埃尔·丹尼斯·马丁
画布
纵46厘米 横70厘米
巴黎凡尔赛宫藏

一幅美人图　半部大唐史

《虢国夫人游春图》的名气在一般人眼中比《步辇图》还要大。

因为画中的主人虢国夫人是杨贵妃的三姐,杨家姐妹在唐朝的舆论场中一直呼风唤雨,占据着C位。三姐妹总是被捆绑在一起,她们不仅是唐明皇集"万千宠爱于一身"的美人,还是误国祸水,是酿成"安史之乱"使大唐王朝由盛转衰的罪魁和妖精。因为沾了唐明皇与杨贵妃的光,虢国夫人的故事在坊间一直被渲染得花团锦簇,热度非凡,用今天的话讲,虢国夫人是一位超级"网红",并且一红千年。可是虢国夫人到底是何等角色,又长什么样?就成了一个常谈常新的趣味话题。由于文字记述难免太抽象,太主观,太模糊,今天,要满足无论是少数人的学术研究还是大众看客的好奇心,都只能从这张稀世之珍《虢国夫人游春图》上来一睹芳容,一寻答案。可画图上红白晃荡、衣着相近的美女,哪一位才是虢国夫人呢?美术史上疑案千古,至今仍众说纷纭。讨论就从寻找虢国夫人开始吧。

《虢国夫人游春图》画的是早春长安曲水岸边，一队华服美人悠然骑马踏青的生活场景。杜甫在《丽人行》中描述了这一场景：

> 三月三日天气新，
> 长安水边多丽人。
> 态浓意远淑且真，
> 肌理细腻骨肉匀。
> ……

杜诗明明写的是《丽人行》，按照今人理解的"诗画同题应同名"，此图应该叫《丽人行》而非《虢国夫人游春图》（现藏辽宁省博物馆的这张画是北宋时的摹本，即"天

虢国夫人游春图
唐·张萱
绢本设色
纵 51.8 厘米 横 148 厘米
辽宁博物馆藏

虢国夫人是杨贵妃的三姐，杨家姐妹在唐朝的舆论场中一直呼风唤雨，占据C位。因为沾了唐明皇与杨贵妃的光，虢国夫人的段子在坊间一直被渲染得花团锦簇、热度非凡。可是这位超级"网红"到底是何等角色，又长什么样？

唐朝杰出的宫廷画家张萱，通感形象以传神画笔定格了一个绮丽场景，用唯美的目光和忠实的画笔绘就了我们今天看到的这幅《虢国夫人游春图》。

水摹本"）。其实，唐朝人没有给自己的画取名的风气，现在这张"天水摹本"上看到的是金章宗完颜璟的题图。不仅唐人不像今人那样强调署名权，就是宋画上的署名也罕见，纵使有署名也是非常克制的"藏款"。这给后世中国古代绘画鉴藏一科平添了不少麻烦。顺便说一下，今天认为这张画名应是《丽人行》也并非没有一点理由，画史中确有北宋李公麟的同题材摹本，名字就叫《丽人行》。

《宣和画谱》记载，《虢国夫人游春图》为唐人张萱被收藏于宣和御府的四十七件作品之一。此外，以虢国夫人为题的还有另两幅：《虢国夫人夜游图》和《虢国夫人踏青图》，看来这张画的名字最晚是在北宋宣和年间就出现了。一下子冒出三个"虢国夫人"，是三张画画的同一人，还是同一张画在递传的过程中出现了三个名字？《虢国夫人游春

虢国夫人游春图（局部）

图》的问题复杂了。

大多数画史研究者认为，《虢国夫人游春图》这幅本没有题名的画之所以会被冠以今天的名字是北宋文人作的怪。北宋时文人中间流传着以"虢国夫人"为名的绘画（或许是一件，或许是多件）。人们一般称其为《虢国夫人夜游图》，有时也叫《虢国夫人出游图》《虢国夫人晓妆图》或《虢国夫人踏青图》。人们不知道究竟哪一个名称是正确的。如前所述，在北宋人看来，署名权都不重要，"画名权"当然也不重要。还有人认为同类题材的《虢国夫人夜游图》虽已失传，幸亏北宋大文学家苏轼曾亲眼见过并写诗描述此图："佳人自鞚玉花骢，翩如惊燕踏飞龙。"根据苏东坡《题〈虢国夫人夜游图〉》诗中的描绘，画面布局与现存的《虢国夫人游春图》相差无几。其实，持这样观点的人看来既不懂画更不懂诗。苏轼的全诗是这样的：

佳人自鞚玉花骢，翩如惊燕踏飞龙。
金鞭争道宝钗落，何人先入明光宫。
宫中羯鼓催花柳，玉奴弦索花奴手。
坐中八姨真贵人，走马来看不动尘。
明眸皓齿谁复见，只有丹青余泪痕。
人间俯仰成今古，吴公台下雷塘路。
当时亦笑张丽华，不知门外韩擒虎。

苏轼是题画咏史而非描述画面，今天讨论画之真伪画之内容等相关问题时是完全可以忽略的。其实造成混乱的根子还是在唐朝。晚唐张祜讽喻诗中是这样描写虢国夫人的：

虢国夫人承主恩，平明骑马入宫门。
却嫌脂粉污颜色，淡扫蛾眉朝至尊。
……

虢国夫人不仅是深得玄宗宠爱的女人,同时也成了画家笔下"裸妆"美女的象征。所以释疑解惑要回到问题的原点:在找到虢国夫人之前,还要搞清楚唐朝没有"虢国"何来虢国夫人、"虢国"今何在等系列问题。这就引出我们要从距唐一千五百年前的西周,打捞出这个"获虎之国"的影子来求解。

虢国是周朝的诸侯国。

公元前1046年,周武王灭商,周文王的两个弟弟虢仲、虢叔分别被封为虢国国君。

虢仲封于制邑(今河南荥阳市汜水镇),建立东虢国。

虢叔封于雍邑(今陕西宝鸡市东),建立西虢国。

西虢国在周厉王三年,东迁河南三门峡一带立国,史称南虢国,定都上阳(今河南三门峡李家窑遗址,地处黄河南岸)。公元前655年,晋献公采用假道伐虢之计灭了南虢国,晋军回师途中又顺便灭了借道给晋国的虞国(今山西平陆县北)。这就是成语"假虞灭虢"和"唇亡齿寒"典故的出处。虢国消失在岁月深渊……

往事已沉埋。直到晚清,国之重器"虢季子白盘"在陕西宝鸡虢川司出土,虢国才浮出水面回到了人们的视线。

虢季子白盘是商周时期盛水器,道光年间出土,现为收藏于中国国家博物馆的镇馆之宝。

虢季子白盘
西周
青铜器
长137.2厘米 宽86.5厘米
高39.5厘米 重215.3千克

中国国家博物馆藏

铭文：

唯十又二年正月初吉丁亥，虢季子白作宝盘。丕显子白，壮武于戎工，经维四方。搏伐猃狁于洛之阳，折首五百，执讯五十，是以先行。桓桓子白，献馘于王。王孔加子白仪，王格周庙宣榭，爰飨。王曰："白父，孔显有光。"王赐乘马，是用佐王；赐用弓，彤矢其央；赐用钺，用征蛮方。子子孙孙，万年无疆。

译文：

在十二年正月初吉期间的丁亥日，虢季子白制作了宝盘。显赫的子白，在军事行动中勇武有为，经营着天下四方。进击征伐猃狁，到达洛水之北。斩了五百个敌人的首级，抓获俘虏五十人，成为全军的先驱。威武的子白，割下敌人左耳献给了王，王非常赞赏子白的威仪。王来到成周太庙的宣榭，大宴群臣。王说："白父，你的功劳显赫，无比荣耀。"王赐给子白配有四马的战车，以此来辅佐君王。赐给朱红色的弓箭，颜色非常鲜明。赐给大钺，用来征伐蛮夷。（子白作器以使）子子孙孙万年永远地使用。

说是盘然而器形硕大，状若今天的大浴缸。其长 137.2 厘米，宽 86.5 厘米，高 39.5 厘米，重 215.3 千克。器作长方形，直口，方唇，腹壁斜下内收，微鼓，四壁各置一对兽首衔环耳，四足作矩形，是目前所见商周时期最大的水器。器口缘下部周饰窃曲纹，腹部环饰波曲纹。

器内底铸铭文 8 行 111 字，记述虢季子白率军对狁作战，斩敌首 500，俘虏 50 人，战后献馘，周宣王宴飨虢季子白并赏赐马、弓矢、钺，以资勉励。

铭文云："丕显子白，壮武于戎工，经维四方。搏伐猃狁于洛之阳，折首五百，执讯五十，是以先行。桓桓子白，献馘于王。王孔加子白仪，王格周庙宣榭，爰飨。王曰：'白父，孔显有光。'王赐乘马，是用佐王。赐用弓，彤矢其央。赐用钺，用征蛮方。子子孙孙，万年无疆。"

铭文记载了西周宣王十二年（前 816）西伐戎人的一件战事。虢季子白即虢公，宣王称其为伯父。虢季子白征伐北方民族的一次战争，杀死五百名敌人，活捉五十名俘虏，周王为其设宴庆功，虢季子白铸盘以为纪念。西周初年分封诸侯，文王之弟虢叔始封宝鸡，后东迁三门峡地域，虢季子白就是虢氏家族成员。宝鸡市东南是丰镐的西大门，三门峡境内有交通要塞函谷关和必经要津"茅津渡"，对于周王室安全有着极为重要的战略意义，从虢季子白的军功和虢氏家族所居之地看，西周初年的分封制确实起到了"以藩屏周"的重要作用。

铭文中语句以四字为主，且修饰用韵，文辞优美，行文若《诗》，是一篇铸在青铜器上的"经诗"。同时，铭文中"搏伐猃狁""折首""执讯"及"是以先行"可与《诗》之《采薇》《出车》《六月》《采芑》等篇所记史实相互征引，具有极高的史学价值。

信史凿凿，可惜大众往往不理会这些枯燥的古文字，却对它那扑朔迷离、一波三折递藏中的传奇故事更感兴趣并津津乐道。

同治三年（1864）的初夏，时任直隶提督的淮军将领刘铭传随李鸿章镇压太平军。拿下常州城后刘就住进了护王府。一日午夜刘铭传正在灯下读书，万籁俱寂中传来悦耳的金属叩击声。好奇之心驱使刘秉烛往寻。转到屋后马厩，声音即由此传出。细审始知是马嚼头上的铁环碰撞马槽所发出的声响，这声响非同一般，极具穿透力。刘铭传蹲下细看，见马槽硕大槽壁在烛光中发着深沉的幽光。伸手一试重不可举，轻叩之声清远玄妙。刘知此马槽绝非寻常之物。次日一早命马夫将马槽刷洗干净后，见其外壁布满纹饰，四边各饰两个兽首衔环，内底铸长铭，通篇工整严谨。刘知是宝物，旋即命人押运送回合肥故里。后又在老宅园中为虢盘专建一"盘亭"，并作《盘亭小记》记叙。

虢盘于道光年间出土，时任眉县县令的徐燮乃常州籍人士，近水楼台先得宝。徐卸任返籍时将虢盘带回了常州。太平天国时期，护王陈坤书镇守常州。虢盘易手成了护王珍藏。直至同治三年刘铭传率官军收复常州，才发生前面所讲的机缘巧合。虢盘庋藏刘府后消息不胫而走，引得不少达官贵人欲往观赏。刘铭传偏偏惜盘如命，秘不示人，为此得罪了不少权贵，据说连光绪皇帝的师傅翁同龢也未能一饱眼福。至光绪十一年（1885）台湾撤府建省，刘铭传赴首任台湾巡抚期间，虢盘仍安驻"盘亭"。清末民初之际时局动荡，刘族后人为保护虢盘艰难备尝。其间最具威胁的，先是任国民党安徽省主席的刘镇华主持政务期间，独霸专权，横征暴敛，草菅人命，对虢盘觊觎已久，多次派人到刘府搜劫，令刘家苦不堪言。后来日军入侵，合肥沦陷，日本人对久负盛名的虢季子白盘和寒山寺的铜钟更是垂涎三尺。刘家后人只得将虢盘重新入土深埋地下，而后举家外迁，以避战乱。日寇多次搜掠都成泡影……新中国成立后大倡文物保护，后人刘肃曾遂献国宝与国。诚可谓：三代吉金，慧命永延。

数年之后，与"虢"有关的传奇仍在发酵。"虢国"的神秘盖头真正被掀起来是在新中国成立后，国家大规模考古发掘时，发现了河南省三门峡地区的西周虢国墓地。

虢国墓地探明各类遗迹八百余处，发掘清理墓葬和陪葬坑三百余座，出土文物近三万件。这是迄今为止我国发现的为数不多的一处规模宏大、等级齐全、保存完好的周代大型邦国公墓。虢国墓地的发现被列入我国20世纪50年代田野考古重大发现。当年郭沫若亲临考古发掘现场，写出了被学术界视为扛鼎之作的《三门峡出土铜器二三事》。

"虢"是比较古老的文字，现代很少用。在汉语中，除虢国、虢镇、虢王和"灭虢取虞、假途灭虢、暮虢朝虞、假道灭虢"这几个成语外，它不能构词造句。作为姓，它也只在山东、山西、陕西、甘肃、湖南等省份有少量人口使用。由于"虢"字比较生僻，甚至有人把它读作 hǔ（虎）或 cùn（寸），再加上方言读虢（gui），许多人经常写成"归"或"鬼"，更多的人是不认识也不知道怎么写。时至今日，还有学者对"虢"字探微和理解争论不休。

虢，读音作"guó"，最早见于商代甲骨文。康殷在《文字源流浅说》中说，甲骨文的"虢"字，右边是一只虎，左

虢国天下第一剑
西周
铁质 虢国墓出土
长137.2厘米 宽86.5厘米
高39.5厘米 重215.3千克
河南博物院藏

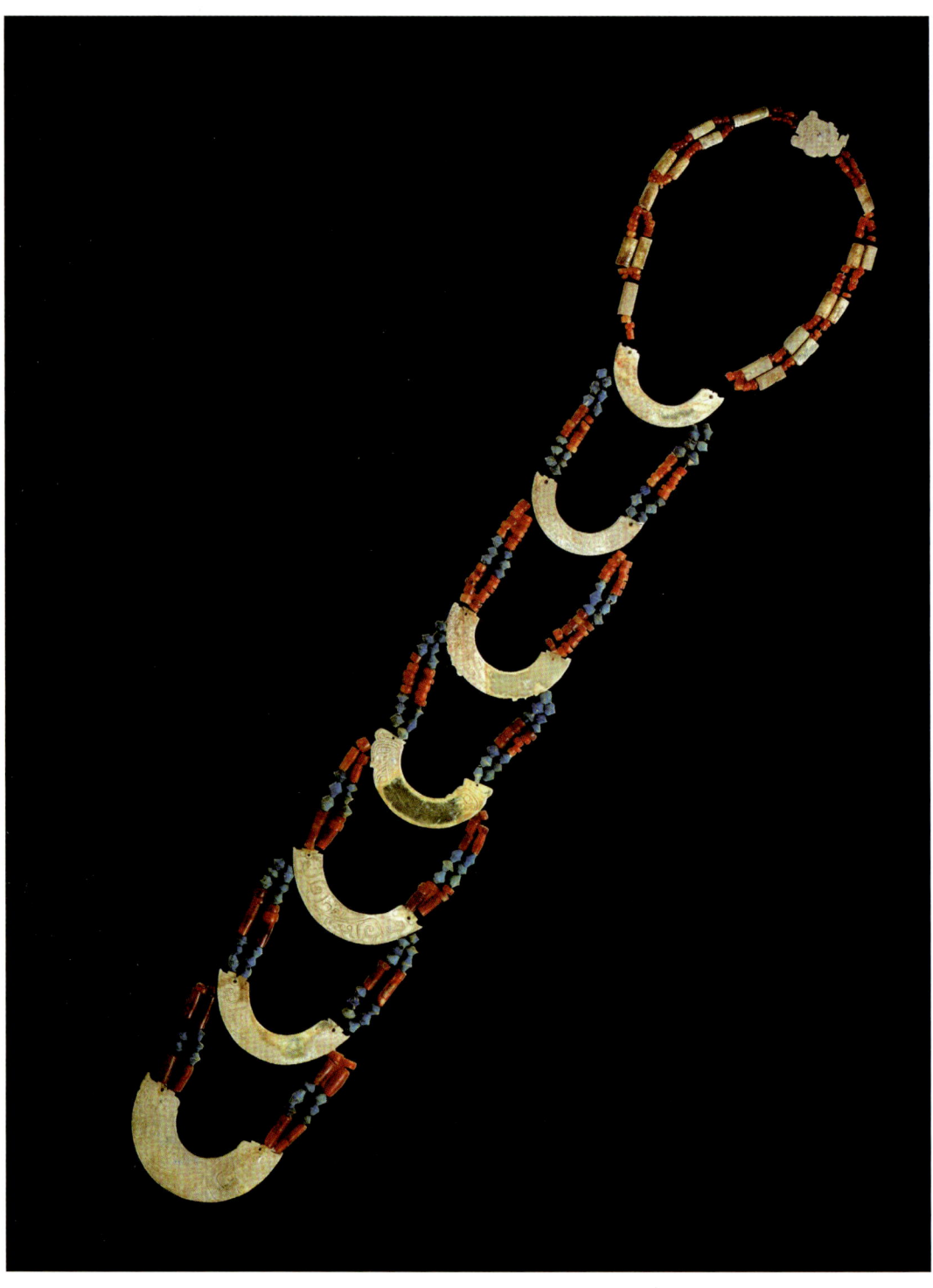

七璜联珠组玉佩一组374件（颗），该器物是挂在墓主人颈间达于骨盆以下的大型组玉佩。分为上下两部分，上部由一件人龙合纹玉佩、18件玉管及两行103颗红玛瑙相间串联而成。下部则由7件自上而下、大小递增的玉璜间以左右对称的双排红玛瑙与浅蓝色琉璃串珠连缀而成。

边为一兵器"戈"。综合分析其初文，从手从戈，概原象以戈猎虎之状。戈亦声，后渐讹做双手之形，有徒手搏虎之意。以上所述看似与本文主旨无关，但了解了以上意思，对解开主旨之谜有着至关重要的影响。

唐天宝（742–756）年间，贵妃杨玉环深得唐玄宗李隆基的宠爱，杨家兄妹一时炙手可热。哥哥杨国忠由御使升为宰相，同宗三姐妹也得到了皇帝的封赏，大姐封韩国夫人，三姐封虢国夫人，八姐封秦国夫人。这固然是"一朝选在君王侧，三千宠爱在一身"贵妃的影响，但天生丽质杨家女自然也会受到重色君王的另眼相看，想必个个也是"狠角儿"，骄奢淫逸尤以虢国夫人最盛。史传，她还最受哥哥杨国忠的娇宠，因此放荡不羁肆无忌惮，常常骑着宫中御厩豢养的名马，带着英俊的青年"侍从"出行，威仪喧嚣于一时。盛唐时代的贵妇人流行在脸上施很厚脂粉的浓妆，尽管姐妹三人均享有皇室给予的每月高达十万钱的脂粉费用，唯独虢国夫人恐怕妆粉沾污了美艳，从不施浓妆。即使去觐见皇上，也仅仅"淡扫蛾眉"素面朝天，恃宠轻狂自不待言。

盛唐时的长安，每当春意正浓，达官贵人有到郊野曲水岸边踏春的习俗。

三月长安，繁花似锦，曲水岸边，春风浩荡。比大好春光更夺人眼球的是三五成群莺声笑语的游春人，而最让人侧目的是这一队华服浓妆的骑马美人。

有人认为，此图是画家受诗人杜甫名篇《丽人行》的影响而作。其实画家张萱早于诗人杜甫。张萱在宫廷供奉任画师一职时，杜甫还只是一个"愤青"。如果说两人之间有瓜葛，也应是杜甫的诗受了张萱画作的影响。无论怎样说，杜诗与张画描绘的盛景让我们相信开元盛世每年春风浩荡时，长安曲水边都会上演一幕色彩缤纷的情景大剧。

杰出的宫廷画家张萱，通感形象以传神画笔定格了这个绮丽场景，这便是我们今天看到的《虢国夫人游春图》。画家不是牢骚满腹的诗人，他只醉心于用唯美的目光和忠实

七璜联珠组玉佩
西周
虢国墓地虢季墓
通长126厘米

河南省博物院藏

的画笔绘就这幅《虢国夫人游春图》。画中写实性描写的场面实在是太豪华了，以至于一千多年来，欲从脂粉队中寻找出"虢国夫人"成为悬案，这也为无数观画者的阅读与欣赏平添了无穷乐趣。

关于谁是虢国夫人的答案有如下几类。

其一分析如下：从画中各位的神情判断，处在中心位置、身穿蓝衣粉红裙的妇人，一副淡扫蛾眉不施粉妆的自然本色，端庄丰腴的面容与肌肤、旁若无人的眼神以及微闭的小口，露出了身为主人的从容情态。其看似简约的时装，配上白色披巾而显得飘逸，裙上的描金团花图案与鲜艳的鞋上饰品则不失休闲着装的华美。不作华丽装饰的鞍具，更透出了主人崇尚自然的性格。这位应该就是具有散逸个性的虢国夫人。与之并行的一位，老成多谋的神情应该是姐姐韩国夫人。同样有金玉之身的她，对妹妹的态度也是恭敬有加。而突出主人尊贵身份的是这个游春阵容的豪华气派：主仆骑的都是宫中良驹骏马，队形有前导有殿后，等级分明次序谨严。导引在前的官员，英俊而威严，所骑的是御厩中名贵的"三花马"，佩有豪华的鞍具，与随后骑骅骝的侍从官和宫女构成了不同凡响的行进行列，代表着皇家出行的极高规格，醒目地昭示了主人的身份地位。紧随其后的宫女、侍佣、侍从官都在一丝不苟地服侍着主人。后排中间抱孩侍佣所骑的"三花马"与前导那匹相呼应，为这支不同寻常的踏青队伍压住了阵脚。全图没有任何背景描绘，却在生动地展现豪华游春的同时，也让我们仿佛听见了马蹄清脆柳风轻吟，看见和感受到阳光灿烂、水波漾漾的无限春光。这就是"主人中心论"。

另有一种说法认为后排抱婴同乘者为"虢国夫人"（详述不赘）。这被我称作"女凭母贵论"。也许正是这些不断深入的研究和辨析，我们不仅能一步步逼近虢国夫人，而且也对"开元盛世"的典章礼仪、服饰文化乃至经济水平、生活状态有了更形象的了解。总之，寻找虢国夫人不仅是读画乐趣也是从细节入手，用"二重证据法"研究大唐之绝佳途径。

笔者对以上关于画面中虢国夫人的指认不苟同。而强调那位脱单骑行的青年才是我们要寻找的真正虢国夫人。当然，1963年陈育丞文章曾指出第一骑男装者为虢国夫人。但应者了了，学术界也认为论据不充分，故不为大多数人采信。为什么一般读画者和关注这幅名画的学者专家们会对此视而不见呢？难道仅仅是疏忽惹的祸、犯的错吗？今天看来，主要是三重障碍遮蔽了他们的眼睛。

首先，"男装一定就是男人"的常识性错误。"谁知纱帽罩婵娟"的笑话就这样发生了。如果仔细观察第一骑上的人，眉清目秀，樱桃小口，加上轮廓圆润的女性脸盘，一件男装骑服怎么都遮盖不了清晰明了的女性特征。再仔细一点考察，我们会在"翟衣青质"上看到描金鸾凤团花的女性纹饰。所以男装只是形式，女服才是本质。不久前，笔者有幸近距离看到了原作，在纱帽覆盖的前额上，分明看到了连弧状的女性发际线！

其次，"前骑一定是仆从而非主人"的认识性错误。人们一般只知道前呼后拥，占据画面C位的人才是中心人物。不知道"举箸先奔顶""骑行必领先"也是一种老规矩。甚至这种唯我为大唯我为先才是显示主人不凡气度和目空四海的仪范与神情。故前行者未必就是仆从，居中者未必就是主人。考虑到《虢国夫人游春图》画的是官民同乐的春游，是一个轻松的休闲时光，衣着不必如一些正式场合严肃拘谨，何况虢国夫人本来就是一个行为另类的幺蛾子，判断男装前行者为虢国夫人本尊才是最合理的推断。

最后一点，人们多以为此人是与虢国夫人有乱伦之嫌的杨国忠而非虢国夫人的看法更是无稽之谈。公元700年出生的宰相杨国忠如果在画中出现，应该已年逾半百，与画中翩翩少年全然不是一回事！以此来论断前骑不是虢国夫人当然更站不住脚。

除了以上三点反论，还有三条更为确凿的证据支撑本文判断。

第一，从画面的经营位置上可以看到张萱这位丹青圣手的匠心所在。首尾相衔的一队人三三两两团在一起，只有前骑脱单显得特别夺目。其他人皆锦衣华服粉白艳红，美则美矣，但轻佻热闹敌不过青黛金线类似长衫的马装高贵出彩。画家正是用这种"以少胜多，以一敌众"打破平庸格局的手法来突出对中心人物的塑造。

《新唐书·李石传》中"吾闻禁中有金鸟锦袍二，昔玄宗幸温泉与杨贵妃衣之"。既然杨贵妃都能穿的衣服，虢国夫人当然也能穿。不分男女只问尊卑，能与皇帝和贵妃穿着同款衣服也是佳人得意的心事，只是今人不识货。

再说，《旧唐书·舆服志》载，玄宗时的宫中女子骑行时"俄又露髻驰骋，或有著丈夫衣服、靴衫，而尊卑内外，斯一贯矣"。张萱已经画得很清楚了，今人以今推古"望象生意"，犯了经学释读时"望文生义"同样的毛病。

第二，识人先辨马。

此前也有人通过关注马的差别来寻找虢国夫人。画中九人八骑，璎珞衔佩的高级别坐骑有四骑，而御制的"三花马"在图中只有两骑。寻找范围一下子大大缩小了。

原来要在雌雄莫辨乱花迷眼的脂粉堆中确定一个要找的人难度颇大，现在只需做对一个"二选一"的算术题就可拿满分，令人大大松了一口气。"三花马"是唐时宫中御制用马，指的是马脊前端靠头部分的三花鬃式，而非三种花色毛皮的马。对此除了文字记载，最可靠的证据是唐太宗昭陵石刻"六骏图"全是"三花马"。据此可以推想到李太白名诗《将进酒》中"五花马，千金裘，呼儿将出换美酒"中的"五花马"，也应是与诗人供奉翰林官职相匹配的另一种制式马，因为世界上到目前为止还没发现一匹五颜六色的马。太白诗中的"五花马"不是旧版《辞海》中解释的"毛色驳杂的马"，看来《辞海》也有犯错的地方。

揭晓谜底的时刻到了。前后两骑哪一匹才是虢国夫人

虢国夫人游春图（局部）

虢国夫人游春图（局部）

乘的马呢？前文已经对男装前行之人作了分析，再看后乘这位抱婴者，身形前佝、神情专注地护着小孩，脸上虽略有富贵气，然而怎么看也应是一名女佣，她之所以能乘坐"三花马"完全是沾了她怀中小主人的光。今天的人也许很难理解农耕社会时的主仆关系尤其是名门望族，不仅忠主义仆的事屡见不鲜，就是寻常人家对待老佣也往往视若亲人。所以从外表上看，主仆难分也是寻常现象。不过主就是主、仆就是仆，这是由两种人根骨里的气质来决定的，明眼人一瞥可看。

通过一连串的排除法，我们终于可以确定虢国夫人就是最前面那位女扮男装的美少年！

第三，如果说"辨雌雄、识尊卑、分美丑"的推论还不足以驱散谁是虢国夫人这团千年迷雾，还不能说服那些持不同"艺见者"，那么笔者的新发现应该是廓清人们误读的铁证。

通过反复审视，一无遗漏地阅读画面信息。终于在第一骑马鞍的障泥上发现了对鸟，在马口边角发现了金嚼衔佩饰，在配鞯的图案上发现了奔虎！这些也许是研究者们也曾见过的，但他们只是将之视作普通装饰性花纹未予深究，就是这一点点疏忽，恰恰错过了发现虢国夫人的天赐良机。他们没有能将看见的虎纹与消失了一千五百年的虢国联系起来，因为虎是"虢"之字根，同时又是虢国专属的邦国徽号。

释疑思考，至此可划一句号。

牛眼里的"开元盛世"

中国传世名画中,韩滉画的《五牛图》地位尊崇,分量极重。

图中绘:俯首吃草,翘首前仰,回首舐舌,缓步前行和荆棵蹭痒之五牛。现在看到这些"正、背、俯、仰、侧"的五头牛姿态各异,但有一个共同点,那就是韩滉用"点睛"妙笔画出了五牛的"传神阿睹",这才是关键。目光炯炯,真情深邃,画笔将牛既温暖又倔强的性格表现得淋漓尽致。今人观之震撼不已,古人对之拍案叫绝。明时大学问家大画家李日华的赞叹颇具代表性:"《五牛图》虽着色取相,但骨骼转折筋肉缠裹处,皆以粗笔辣手取之,如吴道子佛像衣纹,无一弱笔求工之意,然久对之,神气溢出如生,所以为千古绝迹也。"能画出如此杰出绘画的韩滉功夫当然了得。中唐程修己甚至认为他牛画得好固然可以称绝,但韩之人物画也可独步天下。"周昉侈伤其峻,张萱鲜悉其淡,尽之其为韩乎?"这是说周昉、张萱也无法企及韩滉的高度。

公元 8 世纪以来，凡是见过《五牛图》的人无不为这既有生命温度又有情感深度的五头牛喝彩，都会情不自禁地走进韩滉的艺术世界。可古今中外，又有几人能真正读懂《五牛图》？因为通向画家内心的路只有一条，要想真正读懂这五头牛，那就是首先要回到唐朝，回到画家生活的时代。回到牛眼中看到的"开元盛世"：那里有画家韩滉的童年记忆，学者韩滉的青年苦读，清官韩滉的中年作为和慈仁韩滉的晚年愿景。《五牛图》是对牛之形貌刻画，更是在描绘艺术家精神世界里的场景。喜怒哀乐，五味杂陈，其基调如一首浑厚的牧歌和对人生经历中美好时代回味的深情咏叹。牛眼看到的"开元盛世"也是画家韩滉的精神寄托和家国理想。

韩滉（723-787），字太冲，京兆长安人。自玄宗始历四朝，是宰相韩休的儿子。天宝年间，以门荫入仕（就是说韩滉是官二代出身），唐德宗时任宰相、两江节度使等职，后封晋国公。《唐书》中关于韩滉的史料不多，显然与其政治地位不匹配。

这样一位官声显赫、勤政爱民的丹青高手，人们以前只是轻描淡写地认为不过是艺名盖过官声，是历史不经意间的一个疏忽。遂使世人只知画师韩滉而不知政治家韩滉。可别轻视这"美丽的误会"和疏忽，它既影响了全面认识

五牛图
唐·韩滉
纸本设色
纵 20.8 厘米　横 139.8 厘米

北京故宫博物院藏

《五牛图》绘俯首吃草、翘首前仰、回首舐舌、缓步前行和荆棵蹭痒的五头牛。韩滉用"点睛"妙笔画出了五牛的"传神阿睹"。"牛"首次被人格化了,目光炯炯,真情深邃,既温暖又倔强的性格被表现得淋漓尽致。这件作品流传有序,在中国古代绘画中极为珍贵难得。

一个重要历史人物,也影响了人们对其艺术的深层次阅读与理解,对韩滉来说首先就影响了我们理解《五牛图》。人们常常把"对牛弹琴"解释为是人对"牛"的指责,你考虑过牛的感受吗?如果你谈的不是"牛音"则如何能让牛听懂?误解的责任是牛是人呢?

生于开元十一年的韩滉是在杜诗描述的盛唐中长大的。

> 忆昔开元全盛日,小邑犹藏万家室。
> 稻米流脂粟米白,公私仓廪俱丰实。
> 九州道路无豺虎,远行不劳吉日出。
> 齐纨鲁缟车班班,男耕女桑不相失。

一个丰衣足食、路不拾遗、富得流油的时代环境。经历了"安史之乱",王朝元气大伤。这对于已经走上政治舞台的韩滉来说,如何收拾旧山河,从经济入手便成了当务之急。唐代宗时,韩滉一度与另一位干吏刘晏(漕运使)分掌天下财赋,韩为人正直又清廉勤勉,精通庶务,合理制定赋税,能严格约束部下至国库很快充盈。

大历十四年(779),关中战乱不息,每斗米卖价500钱,民间苦不堪言。4年后泾原兵变,韩滉不仅训练士卒保全东

五牛图（局部）

五牛图（局部）

五牛图（局部）

五牛图（局部）

南，又向北方转输江南粟帛，以解朝廷之急。等韩滉的米运到，关中米价顿时五去其四。上救朝廷之急，下解万民之饥，诚大功德矣。次年，长安收复。

无论何时何地，一个人要想有成就，要想"立功，立德，立言"，就必须要如牛一般有德性悟性忍性血性记性之五德，甚至还要坚劲耐磨，没有一点倔强的牛脾气是不能成事的。尤其是在风云凶险的政治舞台上，对上能力排众议挺住，对下要乾纲独断抓住，这样的人往往刚愎自用，难免上下不讨好，有时也要挨几下鞭子。《资治通鉴》记载：

韩滉性情严苛暴躁，为相时被德宗重用。他说的话德宗无不听从，其他宰相只不过是在相位上充数罢了。而朝中百官总是有"弥补"不完的过错，以一敌众，有时不得不拿出粗暴手段，失和伤人。韩滉和同僚之间的紧张关系可想而知。宰相柳浑虽然是韩滉推荐的，也看不下去了，他严肃地责备韩滉说："先相公（指韩休）因气量狭窄，苛察细事，出任宰相不满一年便被罢免，如今你更是变本加厉了。你怎么能够在听政之地拷打官吏，以至出了人命！妄自尊大，滥用权势，这哪里是人臣所应做的事情呢？"韩滉听后惭愧，便收敛自省，像牛一样悄悄夹起了尾巴。"当家三年鬼都怨"，辛劳一生无功赏。韩滉命运如牛。

性格像牛，笔下画牛，心中爱牛，加在一起才是韩滉精神的亮点，虽命途多舛也无怨无悔。认识到这一点，才算是找到了解读《五牛图》的一把钥匙。

唐初于东北西北连年用兵，天宝以后，内部又屡起藩镇之乱，人民苦于徭役，不堪言状。后并耕牛亦为兵士所夺，民生益困。

《全唐文》记：

"况河南府耕牛素少，昨因军过宰杀，及充递车，已无大半。今若更发四千余车，约计用牛一万二千余头，假令估价，并得实钱，百姓悉皆愿去，亦须草木尽化为牛，

43 牛眼里的"开元盛世"

一牛络首四牛间弘
景高情想像间旗
觑詓惟诤曲肯要曰

五牛图（局部）

然后可充给头数。今假令府司排遣，十分发得一二，即来岁春农，必当尽废，百姓坐见流亡……恐饥荒渐至。"

"亦须草木尽化为牛，然后可充给头数"，可见当时需索之多，农民耕牛早已被夺，试问何以为生，恐不仅"流亡"而已也。

农为国之本，牛乃农之根，
根断农事颓，农废国艰深。

《牛与神兽》位于北齐娄叡墓的墓室上栏，为十二辰图的一部分。公牛躯体壮健，作昂首前进状，造型准确简练，前后有二神兽围护。

牛与神兽图（局部）
北齐
壁画
北齐娄叡墓

牛眼里的"开元盛世"

牛首形玉佩的材质为玉质细腻的青玉，因年代久远已全部受沁呈土黄色。玉佩作正面牛首形，双角耸立，旁出双耳呈凹面，中部一对横向臣字目，下端牛鼻处有一穿孔。

牛首形玉佩
西周·虢国墓地虢季墓
玉
高 11 厘米 宽 9 厘米
厚 0.6 厘米

河南省博物院藏

　　视国如家的韩宰相当然能看到这一点。故其爱牛之感情、视牛之重要又比"挂书牛角"之村童、扶犁挥鞭之农夫更深了一层。

　　对于农耕社会的古代中国，牛、马、羊、鸡、犬、豕几乎是同时出现的，"六畜"无分贵贱，难言先后。然而它们在绘画艺术中的地位和先后却大相径庭。鸡和羊自明朝以后因谐音"吉"和"祥"所以频频亮相，猪和狗则至民国仍难以入画。绘画中最先被画家收入毫端的是可"奔驰千里"而又"贵逾千金"的骏马。晋人顾恺之在《洛神赋图》《列女仁志图》中就不止一次地画过驭马和奔马，然而牛迹杳然。汉代的画像砖中也只是牛单调的侧身像。乃至唐代，和梁令瓒《二十八宿神形图》中镇星神乘坐的神牛同时代出现的，便是韩滉的这幅《五牛图》。因为它是最早出现的以牛为专题材的作品，这也是《五牛图》在中国绘画史上非同凡响的理由之一。与马相比虽姗姗来迟

洛神赋图卷(局部)
东晋·顾恺之
绢本设色
纵 572.8 厘米 横 27.1 厘米
辽宁省博物馆藏

47 牛眼里的"开元盛世"

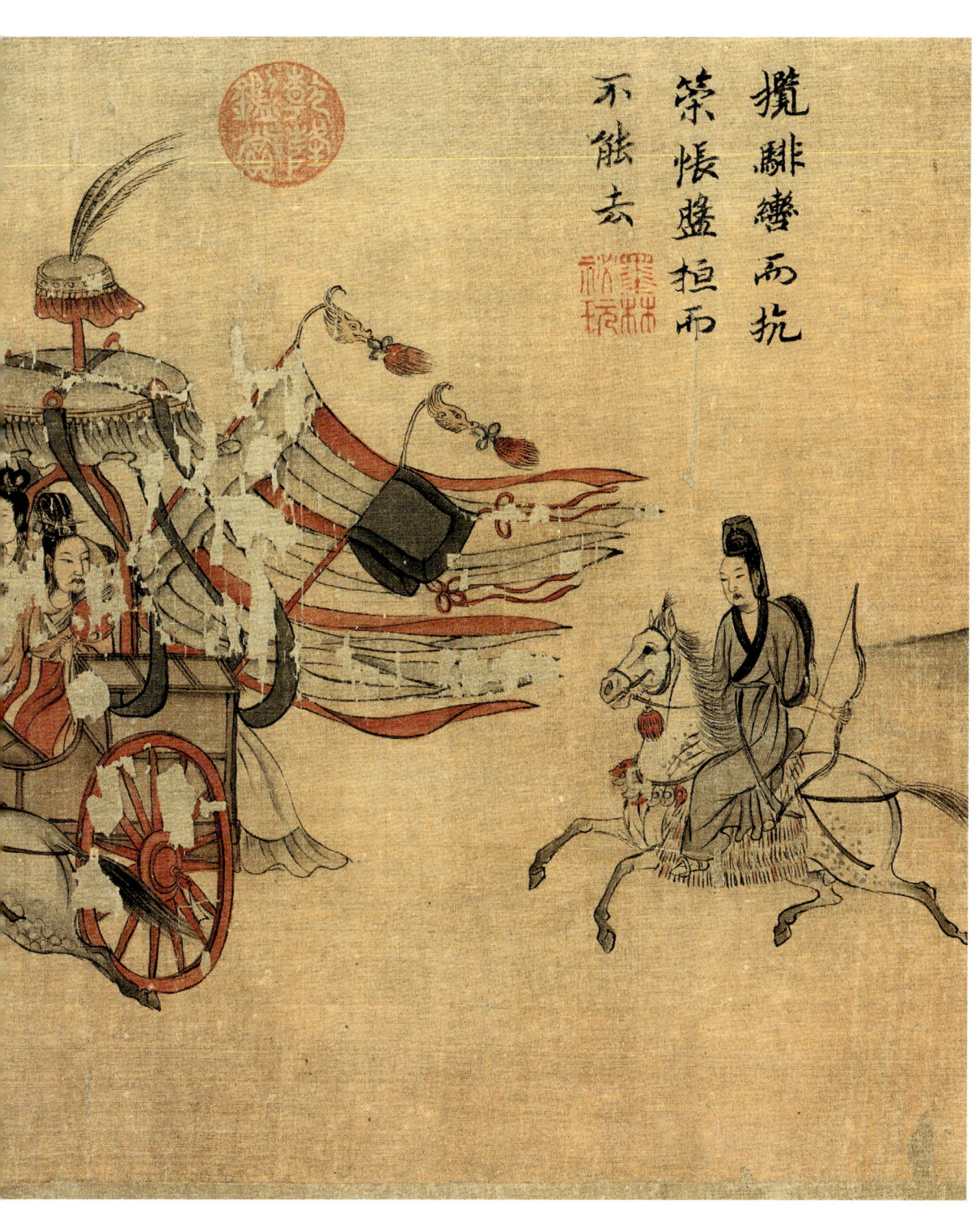

了近两百年，一先一后，一快一慢，像是为了印证《淮南子》那句"马不可以服重，牛不可以追速"的古训。

春秋时孔夫子周游列国乘坐的是牛车，"或有事于西畴"时农夫牵的是耕牛，"遥指杏花村"的顽童柳枝鞭下是嬉戏的春牛……可驭、可耕、可乳、可食的牛是古人生活中不可或缺的伙伴，却迟迟不被关注。上古时所谓"牛骨弗灼，龟兹必信"，甚至视牛为次一等不堪用，历史的不公实在

列女仁智图（局部）
东晋·顾恺之
绢本设色
纵 25.8 厘米　横 417.8 厘米
北京故宫博物院藏

令人匪夷所思。

《五牛图》终于结束了这一偏见。兹后，牛不仅可以泰然地走在乡间小路，享受着诗人的歌咏和农夫的牧笛，甚至也被皇家所宠。如清王朝营造的颐和园湖畔，那尊伏瞰着粼粼波光中清风朗月的铜牛便披上了不少雍容与华贵，已近太庙之享。唐以后的文章中，常有"牛马走"一语出现，牛终于走到马的前面去了。及至现代鲁迅那句"俯首甘为孺子牛"一出，不少文人也都以牛自喻。这时牛的形象不仅高大已近乎伟岸了。

画史载，韩滉工书画，书学张旭，画学陆探微，擅画田家风俗。尤为难得的是，在其笔下爱马不弃牛，一碗水是端平的，可以想见此公为学为政为艺为民亦会持论公允不偏不倚亲民敦厚公私兼顾，艺理不废形神焕彩。

魏晋以后，绘画逐渐讲究传神和气韵生动，无分生命贵贱，凡能入画，都要追求神韵，还要从中表达画家的情操，"牛"首次被韩滉人格化地表现出来。《五牛图》也因此而成为这位重农、务实、任劳任怨的中唐宰相画家自己的自画像和纪念碑。画中五牛造型精准，形象生动，气宇轩昂。笔法粗放凝重，画风古朴典雅。在表现了牛的筋骨血肉和皮毛质感的同时，也将寄寓于牛的人格精神和人们对牛的感恩和激赏写进了这首节律铿锵的牛之交响。

《五牛图》画卷上原无作者名款，在拖尾的后纸上有赵孟頫、孔克标、项元汴、弘历、金农等自元及明至清十四家题记。《清河书画舫》《珊瑚网》《郁氏书画题跋记》《六研斋笔记》《大观录》《石渠宝笈续篇》等书均有著录。《五牛图》的身份家世是清晰而明确的。这在中国古代绘画中也极为珍贵难得。乾隆在画中的题诗是"一牛络首四牛闲，弘景高情想象间；舐龁讵唯夸曲肖，要因问喘识民艰"。"弘景高情"写得不错，但不是这位清朝皇帝说的"想象间"而是赫然在目，这也正是韩滉所绘《五牛图》的深意所系。至于"要因问喘识民艰"则不过是帝王所谓的关心民生与

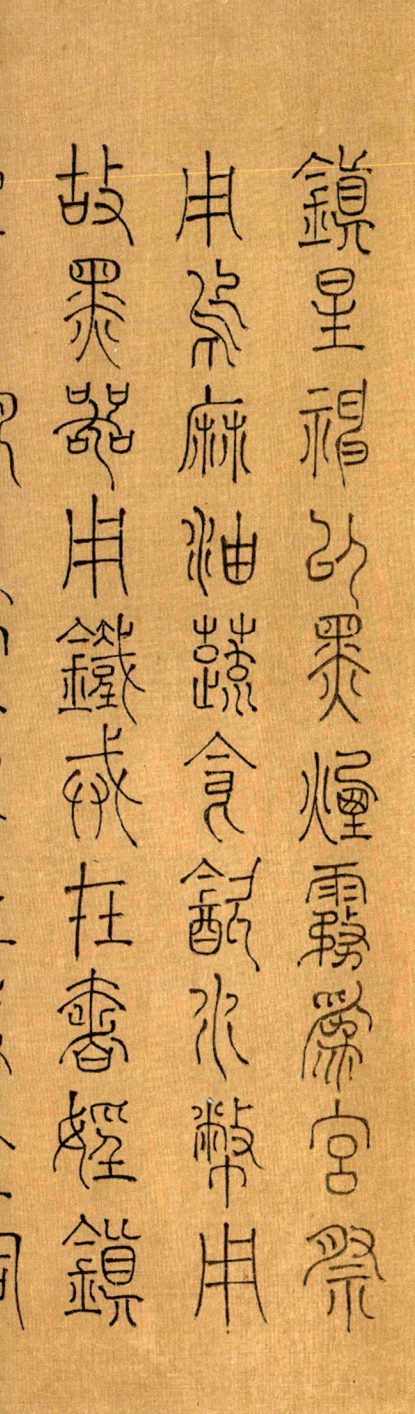

农事之托古虚言,借以表述自己高居庙堂仍能体恤民艰的圣主之心。只是乾隆万万不会想到这些矫情的诗句,恰恰中了古人所刺。

《汉书·丙吉传》中"牛喘非时,何须留意"之句,似乎是千年之前发出的一箭,射中的正是像乾隆这样虚饰伪美之心。乾隆显然是在做表面文章,他是借题画表示自己重农亲民,而非是真的在读画。汝非牛,安懂牛之喘,汝非牛,安知牛非乐?水美草丰,春光沃野。躬耕陇亩,嬉戏池塘,尤其是在一天耕作之后,夕阳下被牧童牵到村边水塘里"歪汪",牛一边喷着水一边甩着尾巴。牛需要以自己的方式亲近自然并快乐地生活。牛之性,牛人秉性;牛之乐,画伯可知;牛之志,可通神灵;牛之图,乾隆误读矣……

二十八宿神形图(局部)
唐·梁令瓒
绢本设色
纵 27.5 厘米 横 489.7 厘米
日本大阪市立美术馆藏

神骏超迈　国脉所系

　　唐朝时有两位图画圣手；一位画牛一位画马；一位姓韩，另一位也姓韩。他们是同生于 8 世纪初的韩滉和韩干。

　　唐宋时有两位马画巨匠；一位是唐朝的韩干，一位是宋朝的李公麟；一位画过《五马图》，另一位也画过《五马图》。

　　李公麟画的《五马图》20 世纪 50 年代前为私人收藏，二次世界大战后佚失，有珂罗版藏北京故宫博物院。2019 年初，原件又在日本"颜真卿大展"上露面。其影响力可与韩滉的《五牛图》比肩。韩干画的《五马图》惜失传已久。现在能见到韩马真迹的是一张台北故宫博物院藏的《牧马图》和美国大都会博物馆藏的一幅《照夜白图》，还有就是这幅辽宁省博物馆藏的《神骏图》。

　　此画的前隔水有金人书"韩干神骏图"五字题签。描绘的是东晋高僧支遁爱马的故事。支遁尚清谈，喜隐居，有人讥笑他"好养鹰而不放，好养马而不骑"，支遁反诘："贫僧爱其神骏"。这倒颇有些名士派头。如竹林七贤"乘兴而来,兴尽而返,何必见此人乎!"的超然逸兴。事必求功利、行必求结果的俗人一般是无法理解的。此图所画人马形神统一,用笔极为洗练,施重彩而不浓艳,勾树石而不皴染,水纹浪花尤见功力。总而言之,整幅画雄强有唐风,纤巧胜五代。是今天研究古代书画极为难得的第一手材料。然也有学者据此推测《神骏图》非韩干真迹而是五代摹本,问题当然可以深入讨论。

一般读者暂时可不必理会这些文博专家的学术之争。因为它既不会影响我们对国宝的珍视,也不应干扰人们的阅读与欣赏。画中支遁着意于"爱其神骏"之"畅神"意趣才是艺术鉴赏的第一要义。用"水浒腔"说句俗话,"别让这些纠缠败了洒家读画的兴致!"

今天,韩干马画的真迹确实难得一见了,但韩干画马的传奇故事却不胫而走广为流传,成了人们追风唐马的一条条线索。

韩干出身贫贱,少年时在一家酒肆打工。一次韩干去诗人王维府上送外卖,正好王维有事外出,韩干等得无聊就

神骏图
唐·韩干
绢本设色
纵 122 厘米 横 27.5 厘米
辽宁省博物馆藏

韩干的《神骏图》画的是东晋高僧支遁爱马的故事。支遁坐石台上望迎面踏水而来的骏马，身旁立一驯鹰人。此图所画人马形神统一，用笔极为洗练，施重彩而不浓艳，勾树石而不皴染，水纹浪花尤见功力。

在地上随便画了些马的动态。王维回来后发现韩干的绘画才能，便推荐他去当时画马名家曹霸处学画，并且在经济上给予资助。经过十余年艰苦努力，韩干终于学有所成。

唐玄宗天宝年间，韩干因画名日隆，被召入朝廷随画师陈闳研习画马。后来玄宗见韩干画的马跟老师不一样，将他召来责问。韩干说："除了陈闳我还有自己的老师，宫内的御马都是我的老师。"玄宗后来看到韩干画的果然都是他的御马，而且神完气足，骨肉双得，完全画出了"飞龙"马健美的形象、"喷玉"马奇特的神韵，这才释然。陈闳是上一代的画师，自有一套画马的方法。韩干是他的学生，既师传统又师自然，画艺日臻完妙。韩干不局限于画马。宝应寺三门神、西院北方天王、佛殿前面的菩萨、西院的佛像以及北院的二十四圣像等画作，也都是出自韩干的手笔。

韩干把马画神了，自己也被坊间故事敷衍得出神入化。韩干一天午睡时梦见一位身穿朱红色衣服、头戴黑色帽子的人来到面前说："我是鬼的使者，听说你擅长画马，请你为阴界画一匹马救急之用。"韩干醒后为鬼差画马一匹，并将它火化。过了几天，韩干外出途中遇到一个人向他举手作揖

神骏图（局部）

表示谢意："承蒙你送给我一匹良马，免我长途旅行翻山过河的劳累，我也要对你的盛情表示答谢，请笑纳。"第二天，不知从哪里来的人送给韩干上好的素色细绢一百匹。韩干收下后都派上了绘画之用，画艺日益精进。这当然只是个传说。

中国画自古有一种说法，"神鬼易，犬马难"。大意是说神鬼谁也没见过，所以其形可以杜撰，你画的准不准无所谓，而犬马皆世人常见，画的好坏一目了然。所以，在追求形似的阅画中，常常可先听到这样的称赞：画得真像！然后才是你把马（牛）都画活了。

《五马图》作者李公麟（1049-1106），字伯时，舒州舒城（今属安徽）人。李进士出身，官至御史检法、朝奉郎。元符三年（1100）因右臂风湿，辞官回舒城在龙眠山隐居，自号龙眠居士。李公麟好古博学，爱好收藏钟鼎、古器物及书画。精于鉴识古文物，文章有建安风格，书法有晋人风貌。但他更是一个全才画家，善画人物、鞍马、山水、花鸟及杂画。

李公麟作画以立意为先，而以安排布局和文采装饰为次。他善画人物、佛道像，既能博取历代各派之长，又决意创新自成一家。其人物画的最大特点是多用白描画法，笔法纯熟如行云流水，全以墨线的浓淡粗细轻重曲直来状貌写态，不同人物的形貌、举止、神情、意态、美丑等都能表现得生动有别。李尤精于画鞍马。幼时，他常在湖边看放牧的群马，后又着意观察金羁玉勒的厩马（家养马），在汴京骐骥院（皇家马厩）更是写生不辍，"终日不去，几与俱化"。由于"写貌至多"，画得太传神了，掌管养马的管事担心会夺取马的精魂，以致恳请他不要再画。因其如此，苏轼赞道："龙眠胸中有千驷，不唯画肉兼画骨。"（《书李伯时山庄图》）黄庭坚也称赞："李侯画骨不画肉，笔下生马如破竹。"（《和子瞻戏书李伯时画好头赤》）根据著录，李公麟一生创作和临摹了大量的作品，但流传存世的很少，主要的还有一幅《临韦偃牧放图》。

《五马图》是存世作品中最可信的李公麟真迹。画卷

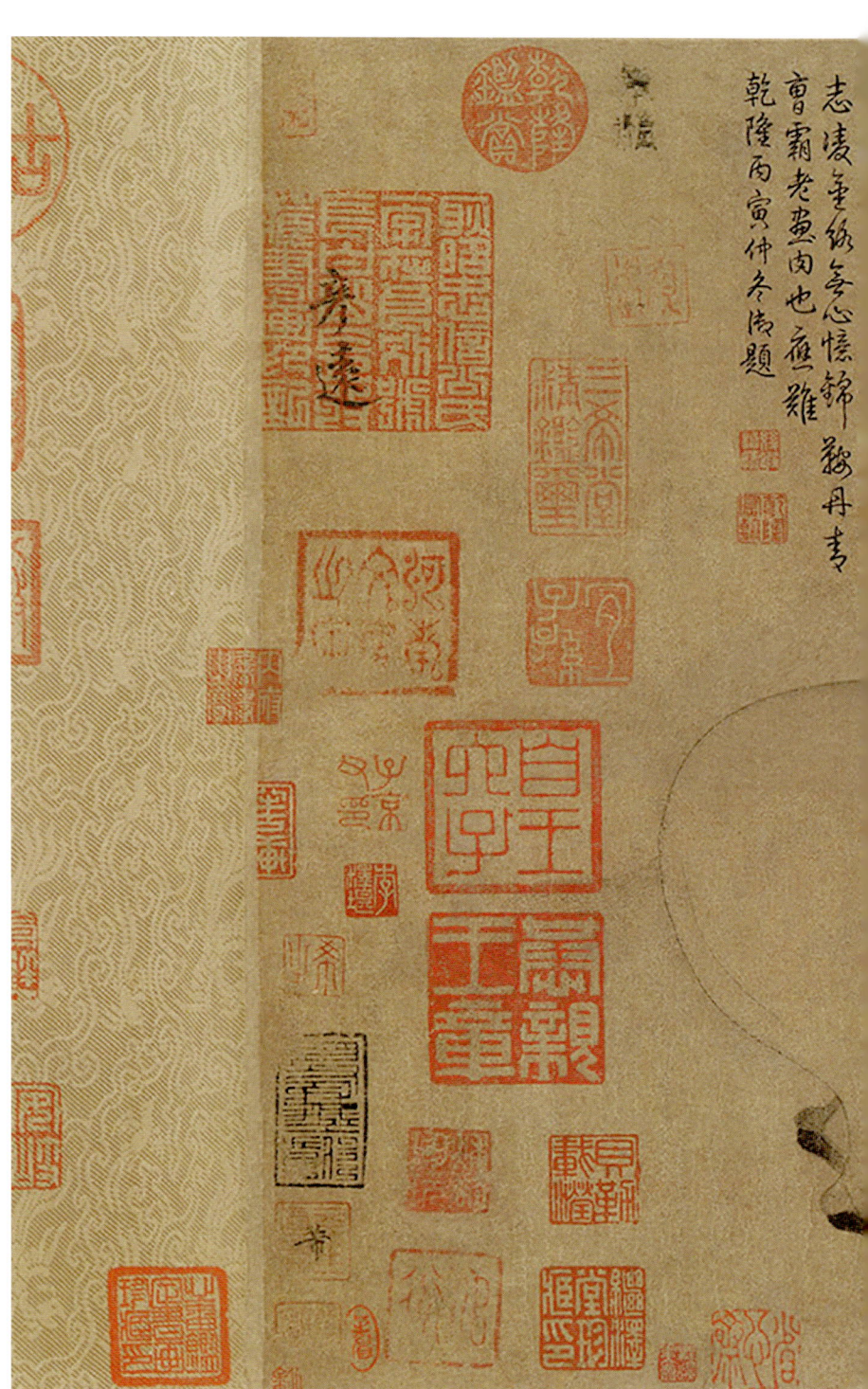

照夜白图
唐·韩干
纸本设色
纵 30.9 厘米 横 33.5 厘米
大都会艺术博物馆藏

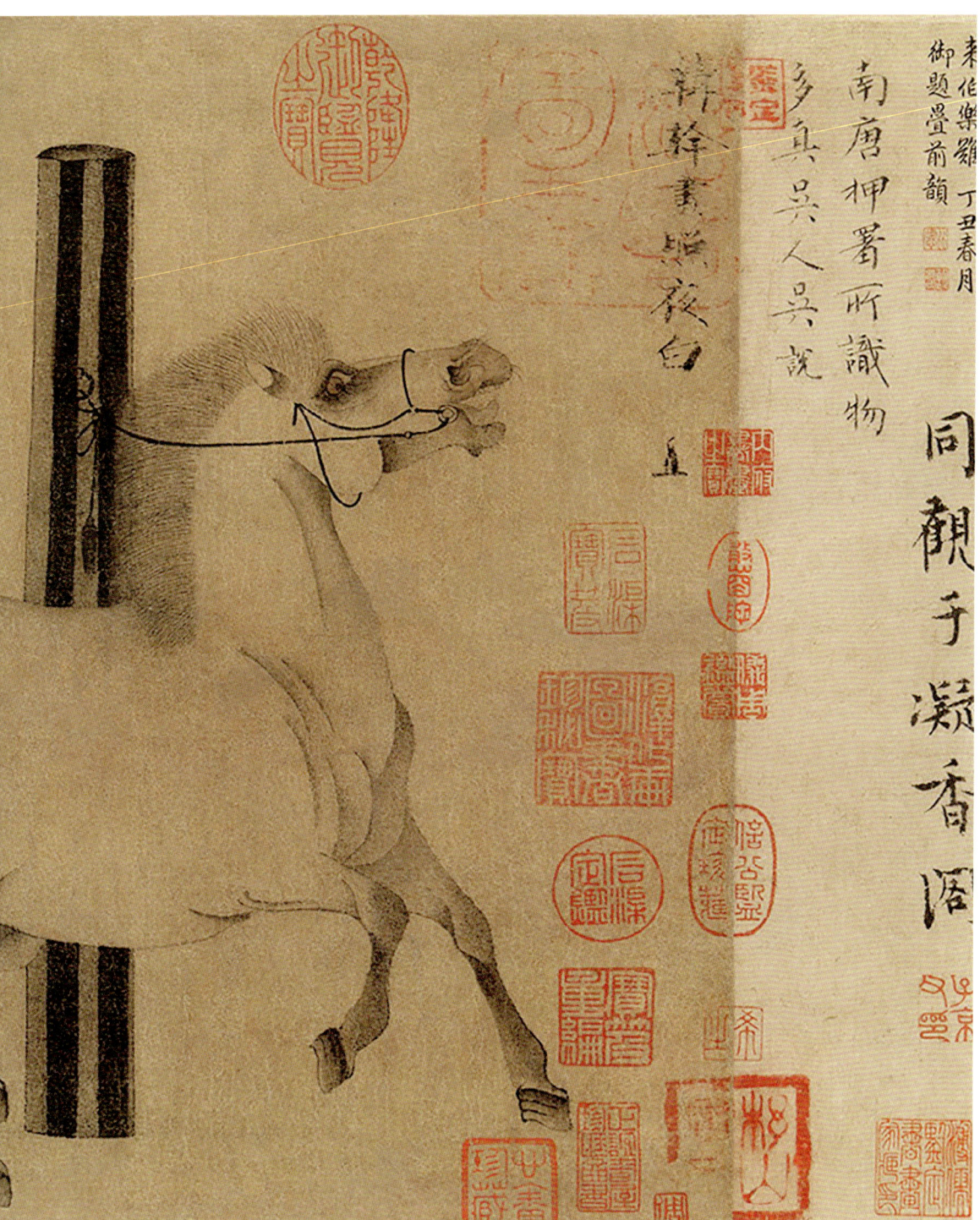

分五段，各画名马一匹及一牵马人，有黄庭坚分别记写的马名、尺寸及产地，后纸另有黄庭坚的跋语。五匹马均为西域贡品，分别名为好头赤、锦膊骢、凤头骢、照夜白和满川花，马的形态和人物衣冠各不相同。画家在澄心堂纸上，全用白描手法单线勾出，造型生动准确，笔法简洁明快，线条简括洗练，流畅而又富有变化。马形有立体感，毛皮有光泽，神采照人。马的鬃毛、尾毛松散飘逸，更增加了几分灵动。此图被认为是中国画单线勾勒精微技法发展到极尽的重要标志。李公麟也因此而得"白描之祖"的美誉。

李公麟的马画如此精妙，可惜流传下来仅此一幅。千年岁月的淹没损毁是原因之一，另一个原因据说是由于李公麟画马画得"入神"，佛印就说他来生恐堕轮回马命，所以他立刻不画马改画菩萨。画马变马，画佛变佛。若佛印说法成真，李氏当早已成为菩萨化身无疑了。这当然又是一个传说。

清明上河图（局部）
北宋·张择端
绢本设色
纵 24.8 厘米 横 528.7 厘米
北京故宫博物院藏

如今马画精品日渐稀少，原因是这个"神骏超迈，国魂所系"的世界上最美动物，已经渐渐淡出了我们的生活和视线。20 世纪 80 年代，台湾曾流传这样一则故事。据说有一位老太太因为怕她儿子骑机车肇事而日日向关帝庙上供求佑，结果儿子还是因超速而受了伤，于是这位老太太便大大抱怨关公，说他没有尽到责任。晚上做梦她见到了关老爷，关公说我并非不尽神职，知道了您儿子将要出事，我丝毫不敢懈怠，立刻拿起青龙偃月刀，跨上胭脂赤兔马赶去救他，可是才发现我的战马速度没有机车摩托快，所以我实在是有心无力。看来作为农耕时代最快的交通工具在现代社会终究要被淘汰，只有记忆中那份对马儿的审美观照会长驻心田。

其实，漫长的农耕社会中不可或缺的马不仅越来越少，而且在城镇化都市化高速发展的今天，马已几近绝迹。骏马偶尔在运动场上出现时，人们只关心它的华丽舞步，将它视为神骏超迈的审美对象，而忘了它曾经还是国脉所系的战略

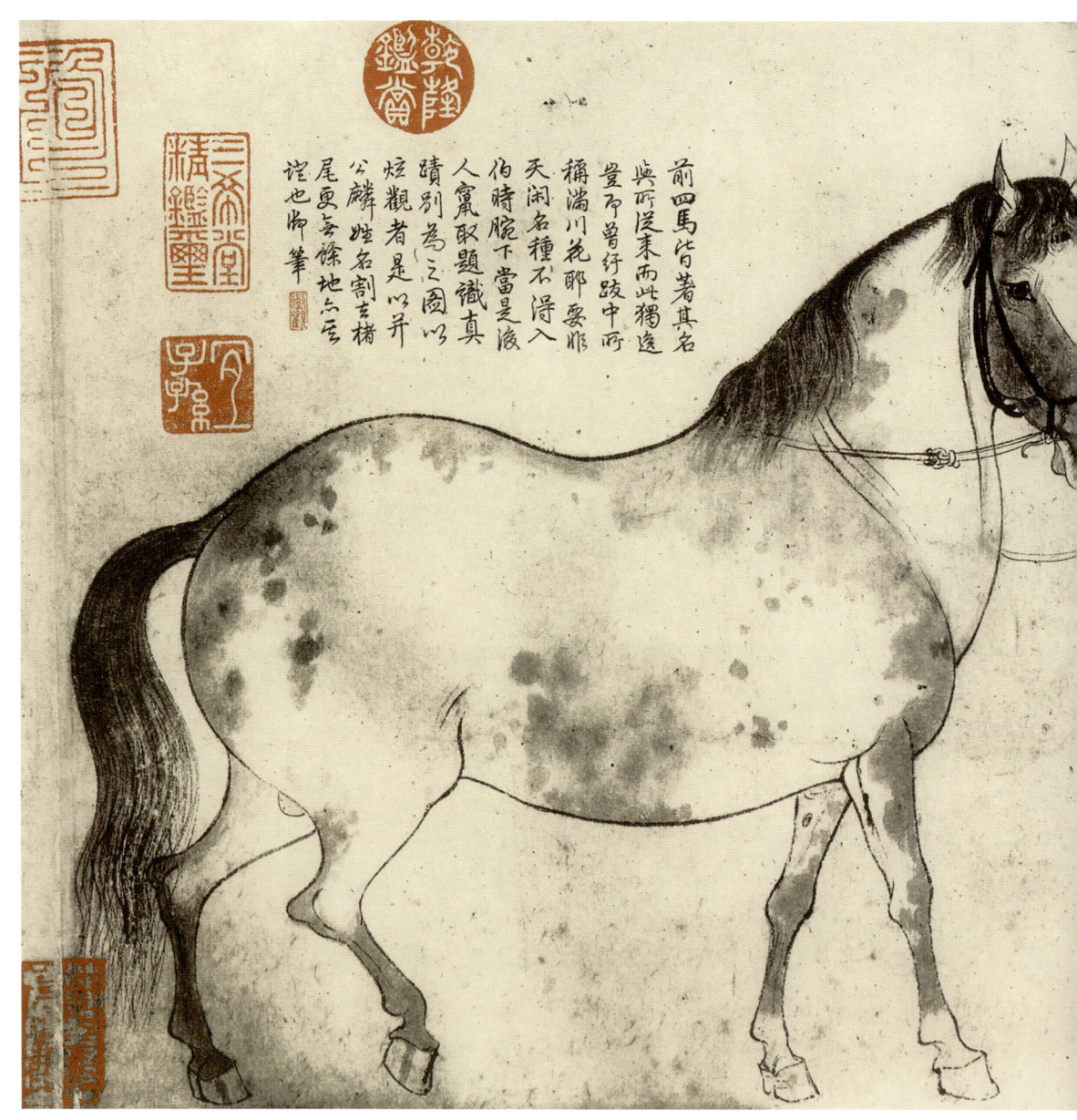

《五马图》是宋朝元祐初年天驷监中的五匹西域名马,马旁各有一名奚官或圉人执辔引领。画中无作者款印,前4马后各有黄庭坚签题的马名、产地、年岁、尺寸,卷末有黄庭坚"李公麟作"题跋:这些由西域诸国进贡的骏马,马名依序是"凤头骢""锦膊骢""好头赤""照夜白",第五匹马佚名,经考证可能为"满川花"。画中的5位马官,两位是汉人,其余的为外族,形貌、服饰、神情各不相同,但在气质上却有着微妙的类似之处。此处是局部。

五马图（局部）
北宋·李公麟
纸本
纵 29.3 厘米 横 225 厘米
日本东京国立博物馆藏

物资。从汉武帝遣使西域谋求汗血宝马，到霍去病戍兵祁连山创办军马场，到唐太宗昭陵树立屡立战功之"六骏"石刻像来一同祭奠，到北宋太祖太宗英宗御厩良马逾二十万之数，到清世祖福临十万铁骑踏破山海关……无一不是说明马壮马多则国强，马衰马少则国弱。例如，当清末满蒙政权的支柱，僧格林沁五万骑兵在山东菏泽被捻军围歼之后，大清王朝的柱石就摇晃起来，不久即在国民革命武昌起义的炮火中彻底倾覆。还有一个有趣的例证。就是人们在研究北宋名篇张择端的《清明上河图》时发现，全图共绘有七百四十多人（也有人说五百多人、六百多人）包括官吏、士绅、书生、兵丁、农民、船夫、挑贩、货郎、伙计、轿夫、和尚、乞丐，还有卖艺的、说书的、占卜星相的等等，各有身份特征、服饰情态，无不形神毕肖。漕舟过桥一节，人物的神情描绘更是精彩至极。《清明上河图》还画有牲畜六十多头、车轿二十多乘、舟船十多艘和三十多屋宇，农舍、官府、宅第、茶坊、酒肆、脚店、寺观等几乎应有尽有。可以说是北宋风俗、市井百态之大成。然而此图"有驴无马"。为什么画家会忽略了当时最重要的交通工具马呢？解释只能是当时汴京虽然繁华升平，但此时北方已金兵压境边塞吃紧，马匹已悉数征为军用。这一丝不易察觉的信息，被认为不仅是张择端的绘画忠实于生活的证明，同时也是对繁华背后时局殷忧的深刻表现。

所以才说，马乃国脉所系。

高逸低处是凄凉

晚唐孙位绘《高逸图》是为魏末晋初的"竹林七贤"造像，可现存已是残卷，仅余4人。考订为山涛、王戎、刘伶、阮籍，嵇康、向秀、阮咸三像佚，不知所终。但这并不影响今天人们的欣赏阅读，也不影响"竹林七贤"仍然作为文化意象一个整体在后世一般人心目中的存在。

自南朝大墓砖画《竹林七贤与荣启期》到傅抱石名作《竹林七贤图》，里面的"七贤""是一个都不能少"！可是，《高逸图》的残缺仿佛是一种隐喻。时时在提醒我们，那个活跃于魏晋之际的著名文人集团，虽然"同声相应，同气相求"，有过一段诗酒唱和的大好时光，终因曹魏政权与司马氏绞杀的赌局中，人人都要表态，必须要有鲜明的政治态度，必须要选边站队，致使这样一个充满温情超然世外的小团体土崩瓦解。"七贤"各奔东西不能再在一起啸聚饮酒逍遥山林了。由至交变绝交，他们的分裂是由一封书信引起的。这便是文学史上嵇康写的那篇著名的《与山巨源绝交书》。

"七贤"的核心人物嵇康因为写了《与山巨源绝交书》

而闻名一时,并因此丢掉了脑袋。表面上看,这一结果与收信人山巨源无关,但就写作的深层次原因确实又与山巨源有关。嵇康之死,山巨源脱不了干系。是山巨源举荐嵇康做官,而遭到嵇康拒绝。《晋书》云:"山涛将去选官,举康自代。康乃与涛书告绝。"可知,山涛举嵇康出仕遭嵇康拒绝,确有此事。

嵇康在信中首先表白自己是个什么样的人:

我的志向是学古代贤人,随心所欲如东方朔、孔子等"穷则自得而无闷",表示"志气所托,不可夺也"。

接着分析自己的性格有缺陷,不识人情,不善机变,说话不慎重,而且喜欢抬杠,这也极不适合做官。具体有不堪者七,甚不堪者二:

"卧喜晚起,而当关呼之不置,一不堪也。"

"抱琴行吟,弋钓草野,而吏卒守之,不得妄动,二

高逸图
唐·孙位
绢本设色
纵 45.2 厘米 横 168.7 厘米
上海博物馆藏

晚唐孙位所绘《高逸图》据考定为魏末晋初的"竹林七贤"造像，现存残卷仅余4人，自右至左依次为山涛、王戎、刘伶、阮籍，而嵇康、向秀、阮咸三像已不知所终。画中诸贤的面容、体态、表情各不相同，并以侍童、器物为补充，在丰富人物个性的同时，更清晰地表述了人物的身份。此图画风在六朝的基础上更趋工致精巧。而补缀的木石已用皴染，开启了五代画法的先路。《高逸图》在传统人物画的研究中具有不可忽视的承前启后作用。

不堪也。"

"危坐一时，痹不得摇，性复多虱，把搔无已，而当裹以章服，揖拜上官，三不堪也。"

"素不便书，又不喜作书，而人间多事，堆案盈机，不相酬答，则犯教伤义，欲自勉强，则不能久，四不堪也。"

"不喜吊丧，而人道以此为重，已为未见恕者所怨，至欲见中伤者。虽瞿然自责，然性不可化，欲降心顺俗，则诡故不情，亦终不能获无咎无誉如此，五不堪也。"

"不喜俗人，而当与之共事，或宾客盈坐，鸣声聒耳，嚣尘臭处，千变百伎，在人目前，六不堪也。"

"心不耐烦，而官事鞅掌，机务缠其心，世故烦其虑，七不堪也。"

"又每非汤武而薄周礼，在人间不止此事会显，世教

高逸图（局部）

所不容，此甚不可一也。"

"刚肠疾恶，轻肆直言，遇事便发，此甚不可二也。以促中小心之性，统此九患，不有外难，当有内病，宁可久处人间邪？"

这里，他讲了自己的七个坏习惯：

一是习惯睡懒觉，忍不得别人叫他早起；二是习惯了一个人弹琴垂钓以尽兴，忍不得身边多个士兵来侍候碍手碍脚；三是习惯了破衣烂衫满身虱走，忍不得冠冕堂皇的官服；四是不喜欢书信写字，忍不得为官后的文书信件往来应酬；五是一个人独处惯了，忍不得进入官场后婚丧嫁娶事的麻烦；六是生性不愿与人交往，忍不得为官后的种种交际和应酬；七是清净惯了，忍不得官场上的杂乱事务。又说"甚不可者二"是说任官后他会使别人有两个不能忍受：一是他轻视周礼，蔑视儒学，会令官场不能忍受；二是他心性耿直，遇事则发，会令周围人不能忍受。他认为官场程式和作风完全违背了人性自然，如果抛离等级、繁文缛节等桎梏，人们可以生活得更自由自在。

所以，看起来像是写给朋友因道不同而不相为谋的复信，实质上却表明自己决不与山巨源背后的统治者合作的坚决态度和终老山林的志向。他更把人伦之礼、朝廷之法视为羁绊，认为被统治者歪曲的汤武周孔应当菲薄，"六经"多为抑引人的不良工具，人的自然本性不可剥夺，应从儒家的"名教"中解放出来，过一种符合自己本性的生活。显然在《绝交书》中，嵇康批判地撕破名教的虚伪与罪恶。在名教的强大的威慑下，哲人只能希求陋巷叙阔，浊酒素琴，陈说平生。期望"离事自全，以保余年"。

嵇康写得疾风快雨，痛快淋漓，但没能保住余年，不久还是因不合作的政治态度被司马氏杀了。山涛的好心未能得到好报，反倒成全了嵇康的名节。孰是孰非，孰罪孰过？这段公案随着研究的深入，已有人指出嵇康这封信是拒绝山涛的举荐而非与山巨源绝交（这封信的名字是后人拟的。）

嵇康临刑托孤，将自己的孩子托付给山涛也证明了这一分析不无道理，何况山涛也重友之托将嵇康的遗孤抚养教育成人。

对于这桩公案这里先不下结论，至少从孙位的《高逸图》上还没有看到分裂的端倪。

孙位，唐末会稽（浙江绍兴）人。善画龙水、人物、松石墨竹，兼长天王鬼神。曾随僖宗入蜀，蜀中皆以孙位为师。北宋初期的鉴赏家黄休复在《益州名画录》中将当时画家按其技艺的高下分为"逸格""神格""妙格""能格"等。"逸格"被认为是得之自然，比另三格更有一种难于言表的情致。当时蜀中画家入此格仅孙位一人而已。也许"逸格"一说，正是由这幅《高逸图》所来。

此幅《高逸图》无作者名款，北宋时由宋徽宗赵佶题名。画上钤有北宋"宣龢""双龙""政和""宣和""御书"等印玺，以及清梁清标和内府诸收藏印。虽如此，人们对这幅画的内容却一直不甚了了。图中人物是泛泛而指，还是确有其人？直到20世纪60年代，才有学者考订出图中人物乃是著名的"竹林七贤"。

《高逸图》残卷图中所剩四人，右一为山涛，体态丰腴，

《竹林七贤与荣启期》模印砖画在南京西善桥附近齐宋后期的大墓、丹阳建山齐废帝陵、丹阳胡桥齐景帝陵墓内均出土。人物形象、构图、风格基本相同，只是人物排列顺序和某些细节与题字略有差异。可见这一题材和图式在当时甚为流行。

竹林七贤与荣启期
南朝
模印砖画
纵80厘米 横240厘米
南京博物院藏

披襟抱膝，倚坐在华丽的花垫上，这位性好老庄而又"介然"不群的山巨源，头微微仰起，显得放诞傲慢。他身边摆着精美的酒具，侍者手托一琴，略有疲惫之色。其二为王戎，跣足趺坐，右手执如意，左腕懒懒地搁在右手上，正凝神静观，若有所思，侍者捧卷帙立于其旁。右三人是写"酒德颂"的刘伶，此公"车后荷锸"醉死便埋的潇洒在这里得到了证实。他满颐髭须，双手捧杯，回头作欲吐之状，侍者捧唾壶跪接。饮必醉，醉必吐，吐复饮，嗜酒如命也不过如此了。左一人是与"绝交书"的作者嵇康齐名的阮籍。他手执麈尾，一副自得其乐，悠哉游哉的样子。身后有侍者托奉方斗听命。

画中诸贤的面容、体态、表情各不相同，并以侍童、器物为补充，在丰富人物个性的同时，更清晰地表述了人物的身份。人物着重眼神刻画，得顾恺之"传神阿堵"之妙；线条细劲流畅，如行云流水，兼有张僧繇"骨气奇伟"的特色。画风在六朝的基础上更趋工致精巧。而补缀的木石已用皴染，开启了五代画法的先路，使《高逸图》在传统人物画的研究中具有不可忽视的承前启后作用。

对《高逸图》的解读大概可以告一个段落了。由此引发的思考却一直在延续。关于"竹林七贤"，唐以后的许多画家都关注过，表现过。明清以后则更甚，自陈老莲到傅抱

竹林七贤图
1945 年 · 傅抱石
纸本设色
纵 137.3 厘米　横 40.6 厘米

石，后世画家笔下的"七贤"，或狂歌纵酒，或跣足袒卧，或抓蚤挠痒，或临溪濯缨……情状虽不同，但他们的背景无一不是在茂林修竹中。否则，何以称"竹林七贤"？孙位的"高逸图"是将诸贤分别置于重彩浓色的花毯、花垫上。以浓重色彩和木石等配景与人物的淡雅形成对比。画图的"富贵气"更突出了人物之"高逸"，同时也诠释了何为"贤"——富而不骄、贵而不霸是也。从这个意义上讲，宋徽宗题图的"高逸"是读懂了孙位，而孙位的绘画才是"竹林七贤"关系的正解。那么到底怎样的表现才是处理"东晋风流"这个历史题材的正传呢？从纯绘画的角度看，孙位的《高逸图》正是晚唐以前传统人物画高度成熟的典范，一方面是人物的传神写照，一方面又是高古的装饰风。其忽略的是人物和自然景物的融合与互动。而后世画家的处理应视为人物画不断丰富和发展的另一种艺术努力吧，然终归流于对"竹林"的表面化理解与表现，殊难有大成就。《高逸图》的历史地位无可撼动。

撒开绘画，对于"七贤"的认识，史学和文学上一直也是歧义互见。孙位和赵喦看到的七贤与后来大多数人追慕的七贤本来就有差别。这七个东晋王朝的贵族知识分子，尽管他们才华绝世，个性乖张，狷介狂放，大多对司马氏政权采取鄙视和不合作的态度，但作为"士"，他们不可能没有庙堂之志和参政之想，这大概就是孙位和赵喦眼中的"高逸"。非富即贵，同时又有不合流俗、睥睨权势的江湖之形和江湖之性，才可言真"高逸"。后世看重的只是他们的如竹之节，如酒之情和放浪形骸的"野逸"。这一个铜板两面的复杂性格，后人不过是各见一面各说一辞而已。其实一个人未必始终如一，一群人也必分左右，如果翻翻《晋书》，尤其是细细读罢嵇康那篇沉郁痛快的《与山巨源绝交书》之后再来看《高逸图》，定会另有所悟。七贤不断地被后世解读和表现，是因为他们的历史存在已经是传统文化精神中的酵母，在不断地迷醉和兴奋着我们的神经。我们不妨想一想唐末孙位画此图时，是不是已经嗅到了唐王朝大厦将倾、乱世将临的气息？想一想宋徽宗为此画定名时的"政治意图"，想一想宋

释文：

康白：足下昔称吾于颍川，吾常谓之知言。然经怪此意尚未熟悉于足下，何从便得之也？前年从河东还，显宗、阿都说足下议以吾自代，事虽不行，知足下故不知之。足下傍通，多可而少怪；吾直性狭中，多所不堪，偶与足下相知耳。闲闻足下迁，惕然不喜，恐足下差庖人之独割，引尸祝以自助，手荐鸾刀，漫之膻腥，故具为足下陈其可否。

吾昔读书，得并介之人，或谓无之，今乃信其真有耳。性有所不堪，真不可强。今空语同知有达人无所不堪，外不殊俗，而内不失正，与一世同其波流，而悔吝不生耳。老子、庄周，吾之师也，亲居贱职；柳下惠、东方朔，达人也，安乎卑位，吾岂敢短之哉！又仲尼兼爱，不羞执鞭；子文无欲卿相，而三登令尹，是乃君子思济物之意也。所谓达能兼善而不渝，穷则自得而无闷。以此观之，故尧、舜之君世，许由之岩栖，子房之佐汉，接舆之行歌，其揆一也。仰瞻数君，可谓能遂其志者也。故君子百行，殊途而同致，循性而动，各附所安。故有处朝廷而不出，入山林而不返之论。且延陵高子藏之风，长卿慕相如之节，志气所托，不可夺也。

吾每读尚子平、台孝威传，慨然慕之，想其为人。少加孤露，母兄见骄，不涉经学。性复疏懒，筋驽肉缓，头面常一月十五日不洗，不大闷痒，不能沐也。每常小便而忍不起，令胞中略转乃起耳。又纵逸来久，情意傲散，简与礼相背，懒与慢相成，而为侪类见宽，不攻其过。又读《庄》《老》，重增其放，故使荣进之心日颓，任实之情转笃。

此犹禽鹿，少见驯育，则服从教制；长而见羁，则狂顾顿缨，赴蹈汤火；虽饰以金镳，飨以嘉肴，愈思长林而志在丰草也。

阮嗣宗口不论人过，吾每师之而未能及；至性过人，与物无伤，唯饮酒过差耳。至为礼法之士所绳，疾之如仇，幸赖大将军保持之耳。吾不如嗣宗之资，而有慢弛之阙；又不识人情，暗于机宜；无万石之慎，而有好尽之累。久与事接，疵衅日兴，虽欲无患，其可得乎？又人伦有礼，朝廷有法，自惟至熟，有必不堪者七，甚不可者二：卧喜晚起，而当关呼之不置，一不堪也。抱琴行吟，弋钓草野，而吏卒守之，不得妄动，二不堪也。危坐一时，痹不得摇，性复多虱，把搔无已，而当裹以章服，揖拜上官，三不堪也。素不便书，又不喜作书，而人间多事，堆案盈机，不相酬答，则犯教伤义，欲自勉强，则不能久，四不堪也。不喜吊丧，而人道以此为重，已为未见恕者所怨，至欲见中伤者；虽瞿然自责，然性不可化，欲降志顺俗，则诡故不情，亦终不能获无咎无誉如此，五不堪也。不喜俗人，而当与之共事，或宾客盈坐，鸣声聒耳，嚣尘臭处，千变百伎，在人目前，六不堪也。心不耐烦，而官事鞅掌，机务缠其心，世故烦其虑，七不堪也。又每非汤、武而薄周、孔，在人间不止，此事会显，世教所不容，此甚不可一也。刚肠疾恶，轻肆直言，遇事便发，此甚不可二也。以促中小心之性，统此九患，不有外难，当有内病，宁可久处人间邪？又闻道士遗言，饵术黄精，令人久寿，意甚信之；游山泽，观鱼鸟，心甚乐之；一行作吏，

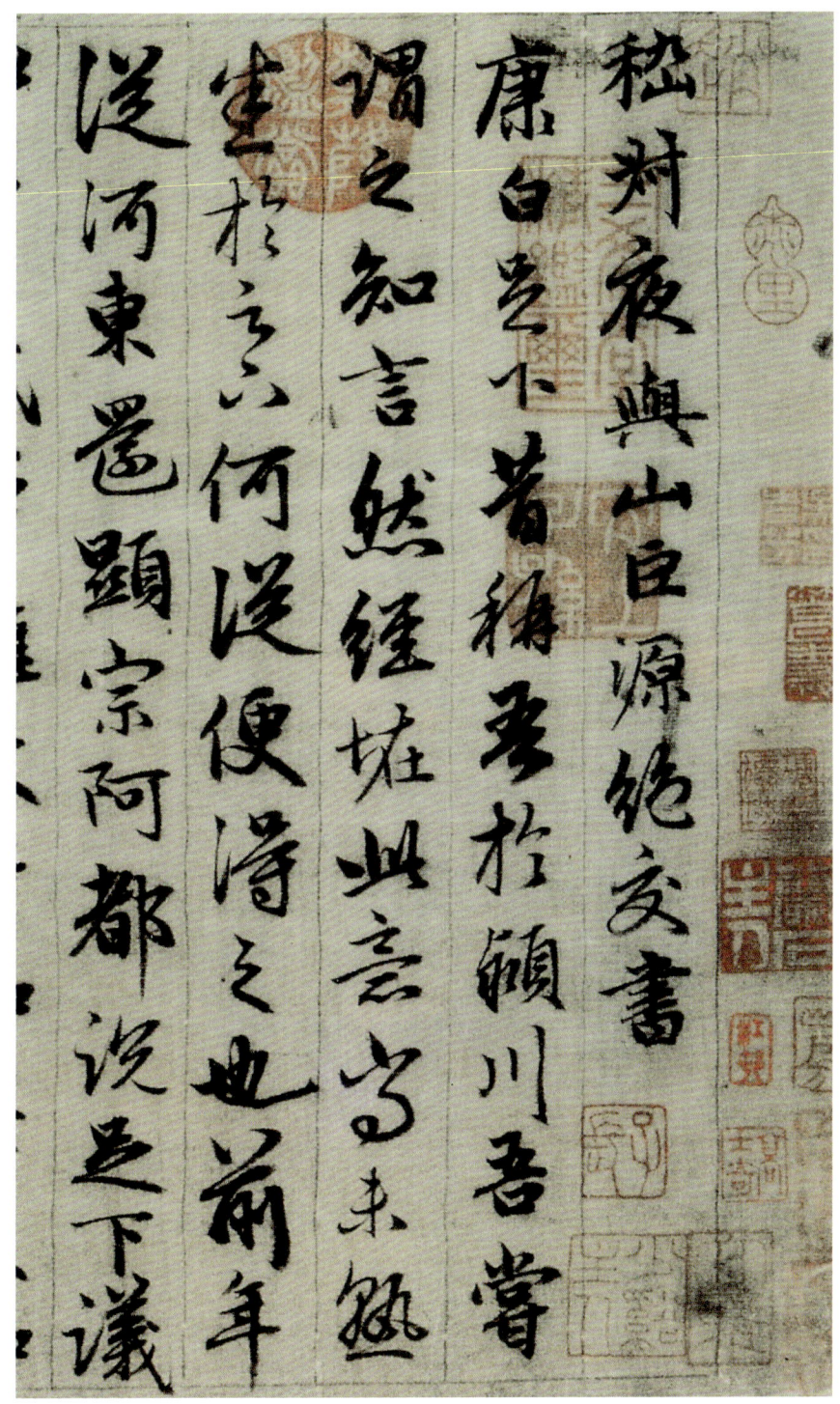

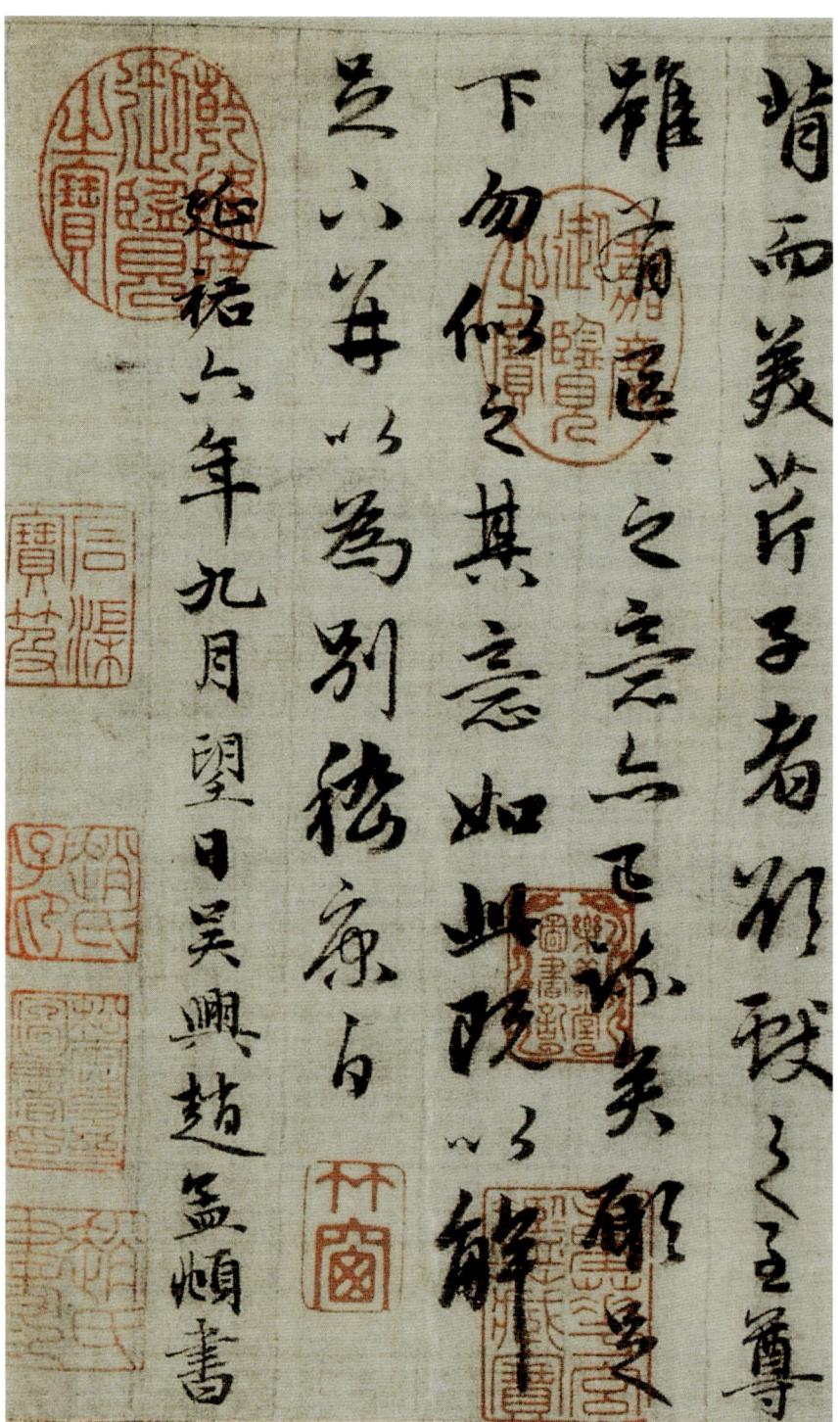

此事便废，安能舍其所乐而从其所惧哉！

夫人之相知，贵识其天性，因而济之。禹不逼伯成子高，全其节也；仲尼不假盖于子夏，护其短也；近诸葛孔明不逼元直以入蜀，华子鱼不强幼安以卿相，此可谓能相终始，真相知者也。足下见直必木不可以为轮，曲者不可以为桷，盖不欲以枉其天才，令得其所也。故四民有业，各以得志为乐，唯达者为能通之，此足下度内耳。不可自见好章甫，强越人以文冕也；己嗜臭腐，养鸳雏以死鼠也。吾顷学养生之术，方外荣华，去滋味，游心于寂寞，以无为贵。纵无九患，尚不顾足下所好者。又有心闷疾，顷转增笃，私意自试，不能堪其所不乐。自卜已审，若道尽途穷则已耳。足下无事冤之，令转于沟壑也。

吾新失母兄之欢，意常凄切。女年十三，男年八岁，未及成人，况复多病。顾此悢悢，如何可言！今但愿守陋巷，教养子孙，时与亲旧叙阔，陈说平生，浊酒一杯，弹琴一曲，志愿毕矣。足下若嬲之不置，不过欲为官得人，以益时用耳。足下旧知吾潦倒粗疏，不切事情，自惟亦皆不如今日之贤能也。若以俗人皆喜荣华，独能离之，以此为快；此最近之，可得言耳。然使长才广度，无所不淹，而能不营，乃可贵耳。若吾多病困，欲离事自全，以保余年，此真所乏耳，岂可见黄门而称贞哉！若趣欲共登王途，期于相致，时为欢益，一旦迫之，必发其狂疾。自非重怨，不至于此也。

野人有快炙背而美芹子者，欲献之至尊，虽有区区之意，亦已疏矣。愿足下勿似之。其意如此，既以解足下，并以为别。嵇康白。

末元初赵孟頫反复书写"绝交书"的忏悔和"贰臣"内心的酸楚与凄凉？

　　最后提醒读者注意此图中逸士们身上那种半圆形纱帔，那就是文献中常常提及的"纶巾"。过去人们一直误以为纶巾是一种头饰巾，过去人们一直误以为纶巾是一种头饰巾，所谓"羽扇纶巾"里的纶巾是诸葛亮头上那块像帽子一样的头巾。根据新近研究，其实它是那个浪漫年代士人穿在身上的一款"休闲服"（孟辉著《晋代名士的休闲服》）。

与山巨源绝交书（局部）
元·赵孟頫
绢本
纵 21.8 厘米　横 254.7 厘米
北京故宫博物院藏

茶香浓时琵琶醉

《宫乐图》是一张小画,横二尺一寸,高不足一尺半。

《宫乐图》原名《元人宫乐图》,后订正为《唐人宫乐图》。

关于《宫乐图》画面一般是这样描述的:画面中央是一张大型长方桌,后宫嫔妃、仕女围坐四周。上方四人负责吹乐助兴,分持胡筱(筚篥)、琵琶、古筝与笙。桌中间摆着一个侈口弧腹大盆,那是专门用来盛茶的,一只长柄茶杓置于盆中。以茶盆为中心,四周分置果盘、花形碟、双耳杯、茶碗等品茗器具。画中人或鼓瑟吹笙,弹拨琵琶,或轻摇团扇、持饮听乐,个个意态悠然,无不陶醉在这场牙板点敲的美丽茶席之中。真可谓:

浓妆淡抹琵琶醉,
高冲低饮茶香醇!

《宫乐图》是一幅摄人魂魄的古画。尤其对那些无可

一群浓妆仕女围着桌案宴饮行乐,一个个高挽发髻,衣着华丽,姿态雍容,两个侍女则站立长案边伺候,吹奏畅饮,好不热闹。画面以巨型方桌为中心,活动内容可分为品茗、奏乐和行酒令三个部分。作品画面有动有静,亦庄亦谐,再现了唐人宫苑生活场景。

宫乐图
唐·佚名
绢本设色
纵48.7厘米 横69.5厘米
台北故宫博物院藏

79　茶香浓时琵琶醉

救药的"好色之徒",相信会在惊鸿一瞥之际就被俘获。仙乐在耳,茶香弥散,佳丽在席,左顾右盼,衣裳劲简,彩色柔艳,云鬓坠马,曳带飞天……恍兮惚兮,梦绕华筵。

《宫乐图》也是一幅疑云重重、问题多多的古画。摘其要者有三。一,是"宫乐(音勒)图"还是"宫乐(音月)图"?二,《宫乐图》由元到唐的订正是何人何时完成的?三,《宫乐图》中所饮是茶是酒?还是有茶有酒?

时序相隔千余载,《宫乐图》的绢底呈现了多处破损,然画面的色泽依然十分亮丽。诸如女人脸上的胭脂,身上所着的猩红衣服、帔子等,均是由"背面敷粉"古法画成,即先用胡粉打底,再赋予厚涂,因此颜料剥落并不严重。至今,衣纹上的细腻变化犹清晰可辨。《宫乐图》的信息量丰富完整,在充分印证了唐代工笔重彩一格高度成就的同时,也让所有关于这幅画的疑问都可以从中找出答案,并可以廓清迄今为止的关于《宫乐图》的误解误读。

乐有两个读音,一是 lè,一是 yuè。但宫乐是上古主管音乐的官吏,只能读宫乐(lè)。所以,我相信到目前为止,几乎所有人把"宫乐图"读成"宫乐(yuè)图"都是错误。这是东晋大学问家郭璞注《穆天子传》一书中的观点。原注有:"宫乐,典乐者。"

典乐也是官名。相传在舜时设有此官,职责是掌管朝廷音乐的一类官员。

《尚书·虞书·舜典》:帝曰:"夔,命汝典乐,教胄子。"

《孔子家语·五帝德》:"(帝尧)富而不骄,贵而能降,伯夷典礼,夔龙典乐。"

新莽时为大鸿胪之改称。隋、唐宫内女官置,为二十四典之一。员四人,隋从七品,唐正七品,隶尚仪。

唐朝尚仪局所属的掌乐女官,"……司乐四人,正六品。典乐四人,正七品。掌乐二人,正八品。女史二人。……总

81　茶香浓时琵琶醉

宫乐图（局部）

司籍、司乐、司宾、司赞四司之官属"。

唐代刘禹锡《奉和吏部杨尚书太常李卿二相公策免后即事述》中有："铨材秉秦镜,典乐去齐竽。潇洒风尘外,逢迎诗酒徒。"

李华《杂诗六首》中也有："黄钟叩元音,律吕更循环。邪气悖正声,郑卫生其间。典乐忽湮微,波浪与天浑。"不过这时候"典乐"的乐已经不读 lè 而读 yuè 了。所以这样说《宫乐图》的两种读音都不错。

到了现代,《汉语大词典》对"夔乐"的解释,指庙堂雅乐。夔为舜时乐官,故称。唐杜甫《奉赠太常张卿垍二十韵》："伶官诗必诵,夔乐典犹稽。"宋王禹称《大合乐赋》："我国家韶濩登歌,咸英尽美,复夔乐于雅正,黜郑声于滤懑。"

帝曰:"夔!命汝典乐,教胄子,直而温,宽而栗,刚而无虐,简而无傲。诗言志,歌永言,声依永,律和声。八音克谐,无相夺伦,神人以和。"宫乐有了新的含义。

只是这时候的典乐又变回去了,只能读"典乐 diǎn lè"。

如此颠来倒去,不仅令一般人头痛,也会让研究《宫乐图》者无所适从。但有一点可以肯定,《宫乐图》中美人不是一般的嫔妃、仕女,她们的美丽燕(宴)席(无论是茶是酒)也不是一次清心求乐的雅聚,而是宫乐之聚。至于是一次关于音乐的学术研讨会,还是在切磋典章制度和交流演奏技艺的聚会已殊难稽考,也无需分辨。但以前介绍中关于人物身份的错误和模糊必须得到澄清和订正。

第二个问题是《宫乐图》如何由元变唐并且是怎样被改正的。

犯错误往往是偶然,是一不小心。而修正错误则一定是必然,需要严密的逻辑推理和充分证据。

这件作品原本没有画家的款印。旧签题标为"元人宫乐图"也许就是一位不知名的保管者的粗心大意所致。仔细观察画中人物的发式，大多把发髻梳向一侧，是为"坠马髻"。坠马髻还会将双环垂髻分为两部分，在头的两侧盘成上卷环和下垂环。花冠如一顶帽子套在头上，直到发际。有的还用金银珠翠制成的多种花鸟、簪钗、梳篦插在上面，使之更加夺目。有的用"桃杏荷菊梅"花形配饰插在冠上，美之曰"一年景"。凡此，都符合唐代女性的妆容。另外，绷竹席的长方案，腰子状的月牙子，饮酒的羽觞，横持的琵琶并用拨子弹奏等，也与晚唐时尚相伴。沈从文在《中国古代服饰研究》中专门讲到此幅画的断代问题："其实妇女服饰发式，生活用具，一切都是中晚唐制度。长案上的金银茶酒具和所坐的月牙子，以至案下伏卧的猧子狗，无例外均属中唐情形。因此，本画即或出于宋人摹本，依旧还是唐人旧稿。"无须多说了，《宫乐图》属唐不属元。

第三个问题是画中人所饮到底是茶是酒。这个问题可能比前两问复杂一千倍。因为读画时只见器形，难闻气味。若作判断则必须有佐饮器物、菜肴、点心来辅证。现在竹桌上只有饮杯而且没有餐食没有壶，断作饮茶好像一目了然。

陆羽《茶经》

然桌子上还有五只双耳杯被定为酒具,就又使问题变复杂了。再说唐时茶酒又和今时有很大差别。至少蒸馏术还没有应用到酿酒上来,故唐时饮用的是低度米酒,所以才衍化出生活中的"以茶代酒"和茶酒混饮。另外,谁又规定喝茶的杯子不能喝酒呢?问题虽难以决断,联系到宫乐活动内容,权且用"茶燕(宴)"来继续讨论。

下面就开启品茶读画模式。

五代周文矩绘制的《重屏会棋图》是一幅非常特别的人物画。此图描绘南唐中主李璟与景遂、景达、景易四兄弟会棋情景。图中头戴高帽、手执磐盒、居中观棋的长者为李璟,对弈双方为齐王景达和江王景易,另一观棋者为景遂。人物身后的屏风绘白居易《偶眠》诗意,画中又有一扇山水小画屏,故"会棋图"前冠有"重屏"二字。

作为南唐翰林画院待诏的周文矩,擅画山水、车马、楼台,尤精人物。此图中李璟的若有所思,对弈者于微笑淡然中暗伏杀机和求胜之心,观棋者的轻松自若,均被刻画得细致入微。他们从不同角度凝神于棋枰,似乎完全忘却了宫外的纷扰和时局之隐忧。其实这也许是表象,如果我们再仔细地看一看他们身后的屏风,读一读白居易的《偶眠》诗意图,便不难听到周文矩的弦外之音。

"放杯书案上,枕臂火炉前。老爱寻思事,慵多取次眠。妻教卸乌帽,婢与展青毡。便是屏风样,何劳画古贤?"江洲司马一语成谶。不出百年,赵宋取代南唐,诗中的设问就有了答案。内套屏中的小幅山水,不正是诗人心驰神往、摆脱形役的天国悠游吗?作为衬景,这当然更是画家要揭示会棋诸公内心之殷忧。

从南唐帝王的闲敲棋子,到中唐诗人的冬日偶眠,再到前朝山水的逍遥天地,画家在这层层推演的意向中,究竟是要展示画中人物的优雅闲适,还是要反讽他们不知"生于忧患,死于安乐"的治国之道呢?这个问题大而无当,大概也无解。不过,后来也有别具另眼的读画者盯上了放在内屏白居易搁在书案上的杯子。这是一只带托盘的杯子，一般讲，酒杯无托，茶杯配托。白乐天一生痴迷琴和茶，有"陶陶任性一生间"记趣。故可认为那是一只茶杯！此形制又与《宫乐图》上的杯子相近。此可为《宫乐图》乃茶燕（宴）一证。

茶起于何时不可考，饮茶风尚兴于唐是通识。"茶"字的变迁为之提供了直观的证据。

"茶"字在上古时代是写作"荼"的，什么时候减去了一笔呢？清代大学者顾炎武的考证是在唐代中期。他在《日知录》中写道："按荼荈之荼，与荼苦之荼本是一字，古时未分……愚游泰山岱岳观览唐碑题名，见大历十四年（779）刻荼药字，贞元十四年（798）刻荼宴字，皆作荼。又李邕娑罗树碑、徐浩不空和尚碑、吴通微楚金禅师碑荼毗字，崔琪灵运禅师碑茶碗字，亦作荼，其时字体尚未变。至会昌元年（841）柳公权书玄秘塔碑铭、大中九年（855）裴休书圭峰禅师碑茶毗字，俱减此一画，则此字变于中唐以下也。"（见《唐韵正》）可见，正是文中提到的李邕、徐浩、柳公权等大书法家，在不经意之间为茶文化史解决了一个十分棘手的难题。茶事起于唐，茶席兴于唐末。

说到茶就不能不说一说"茶圣"陆羽。

陆羽（733–804），复州竟陵（今湖北钟祥市）人，字鸿渐，一字疾，或字季疵。不知所生，竟陵龙盖寺积公和尚拾之于水滨，养育以为弟子，从姓陆氏。既长，从《易经》自筮得《渐》，有曰："鸿渐于陆，其羽可用为仪"，乃名羽，字鸿渐。安史之乱中，他于至德初年避乱，随秦中士大夫渡江南来，辗转越中，至上元元年（760）定居潮州，是年二十九岁，结庐在苕溪之滨的青塘。从此，"身关白云多，门占春山尽。最赏无事心，篱边钓溪近"。闭门读书，不求仕进，终日唯与名僧高士谈饮欢聚，或独行野外，朗读佛经或吟诵古诗，杖击树木，甚至戏弄流水，行歌行泣，人以为"今之狂人"。

陆羽也就是在这个时候结识了初到湖州任上的"吴兴太守道家流"的父母官颜真卿，两人成了性情契合之茶友。

五代周文矩绘制的《重屏会棋图》是一幅非常特别的人物画。此图描绘南唐中主李璟与景遂、景达、景逷四兄弟会棋情景。图中头戴高帽，手执棋盒，居中观棋的长者为李璟，对弈双方为齐王景达和江王景逷，另一观棋者为景遂。人物身后的屏风绘白居易《偶眠》诗意，兹画中又有一扇山水小画屏，故"会棋图"前冠有"重屏"二字。

重屏会棋图（局部）
五代南唐·周文矩
绢本设色
纵 40.3 厘米　横 70.5 厘米
辽宁省博物馆藏

87　茶香浓时琵琶醉

陆羽得鲁公支持撰写《茶经》亦成千古佳话。颜真卿有"谢陆处士"诗：

> 群子游杼山，山寒桂花白。
> 绿荑含素萼，采折自逋客。
> ……
> 会惬名山期，从君恣幽觌。

陆羽小鲁公24岁，两人可谓忘年交。"会惬名山期，从君恣幽觌"，不仅可见鲁公对他的厚善，亦可知陆羽其人的不俗。

自是，颜、陆两人，"物远风尘异，倚石忘世情"，经夏历秋，徂冬及春，初集放生池头，复聚三癸亭下。或室内清茗，编韵贯文；或花前小坐，切磋训解。其后又登水堂送友，游溪馆听蝉，同拟岘山观石樽联句，共醉水亭咏风和唱，留下诸多脍炙人口的咏茶诗，最著名的有《月夜啜茶联句》：

> 泛花邀坐客，代饮引情言。（陆士修）
> 醒酒宜华席，留僧想独园。（张荐）
> 不须攀月桂，何假树庭萱。（李萼）
> 御史秋风劲，尚书北斗尊。（崔万）
> 流华净肌骨，疏瀹涤心原。（颜真卿）
> 不似春醪醉，何辞绿菽繁。（皎然）
> 素瓷传静夜，芳气满闲轩。（陆士修）

如是之花间吃茶，月下传唱，不意竟是首创，成为品茗联句的始创者。

史料载，贡茶始于大历五年（770），是时尚属新生，鉴品歌宴亦足以引导风流，令人仰羡。是茶凡分五等，第一级，由陆路急程递送，十天之内即清明节之前必须限令送到京师，

重屏会棋图（局部）

所以又叫"急程茶"。其余四级，可以水路晋京，但也必须在四月份送到。新茶一到京都，先荐宗庙，然后赐予皇族近臣品尝。张文规《湖州贡焙新茶》诗所记"牡丹花笑金钿动，传奏吴兴紫笋来"，便生动而形象地描绘了当时内宫欣闻湖州新茶至京的雀跃之情。

我们完全有理由推测《宫乐图》所绘正是此风俗纵贯朝野之晚唐时尚：

茶宴之乐不输酒，高冲低饮乐融融。
茶香浓时琵琶醉，宫乐可向画中听。

道德镜鉴　招魂经幡

　　在佛教没有传入中土时,儒道两家互掐既是学统思想争论的老话题,又是道统支撑选择的旧武器。秦汉以后的大一统国家进程中,它们轮番登场,此消彼长,颇像现代西方国家政治舞台上轮流坐庄的"两党制"。魏晋以降,随着佛教东传,这种哲学和政治上无休无止的内战格局改变了。原来线条清晰的"二人传"演变为错综复杂的儒、释、道乱战的"三国演义"。儒为尊,道为出,释为信,三方各自为阵,又相互渗化、打压、辩论、吸纳,使国之精神既模糊又复杂。这场跨越千年的"战争"中,无论是各自使用的思想武器,还是作为武器使用的思想,一到了中国这块土地上,就全变得无我无你。因为你中有我,我中有你,最终形成了中华文明"真善美一体,文史哲不分,儒释道同源"的精神旨归。并且从你死我活的政治斗争消解转化为互利共生,互鉴共存。在学统,有人已认识到中国人的文化就是中国人的宗教;在道统,政治不捆绑、信仰才自由是宗教思想的奢望,也是政治长期努力的方向。

在唐代多元思想的精神地图上，虽然有时不时变幻重道轻道、崇儒抑儒、信佛灭佛的波风浪海，但总的来说，那只是一时政治导向，会使思想探索深化。因为开放包容变革的时代精神，绝非"盛世的平庸"一语指斥的那样无所作为，反而为整体思想的活跃又掀起了下一个高潮。一个多元文化的时代，并不一定非要以开派思想家的多少来衡量。当时的中国，皇权垄断了所有宗教思想的合理性和合法性。凡是符合皇权判断与需要的宗教思想就是国之正宗。否则不管是儒是道是释都要蒙上"妖""淫""乱"的罪名，退出精英思想的世界。唐太宗早期崇奉道教而晚年又眷恋佛教，武则天早期推崇佛教而晚年又喜欢道教，唐玄宗更是儒、佛、道三者实用主义轮番使用，还将一直存在于边缘的景教也纳入自己的视野。因此各家宗教在文化与思想上纷纷向皇家靠拢，争讨皇帝的喜爱。统治者也赋予儒家治国、道教养生、佛教治心等不同功能。正是宗教史上的这种"归顺"与"屈服"，中国历史上从来不曾有过与世俗政权相对抗的宗教权力，而中国集神灵、宇宙、伦理道德象征以及政治、经济、军事权力于一身的"皇权"比任何一种宗教都更为强势。儒、释、道三家思想不得不求同存异，谋求适者生存的空间。尤其是佛教文化，内有禅宗一脉的遍地开花，外有佛教艺术的弘法布道，而成大格局。"陀头云月多僧气，山水何曾称人意！"尽管信奉道家的诗人李白对此很不满意，但佛教之兴盛却是不争的事实，并且还磨砺出了丝绸之路上的一颗明珠——敦煌。今天要讲的《引路菩萨图》便出自敦煌。

引路菩萨，即引导亡者往生净土的菩萨。其名号未见诸佛典，系唐末宋初与净土教的流行共同兴起的民间信仰。当时在丧葬出殡行列中，常有书写"往西方引路王菩萨"的挽旗，由人持在行列的前面，以导引亡者往生西方。查阅有关佛学资料，对引路菩萨的解释仍以敦煌绘画资料为基本依据。引路菩萨名号虽然未见诸经典，然敦煌莫高窟出土物中有图像及其名号，英藏敦煌绢画 Stein painting47 题"引路菩"三字，即为"引路菩萨"之意简写。而法藏敦煌绢画 MG. 17657 题记则明确记"画引路菩萨壹尊"，又 MG. 17762 地

《引路图》据大英博物馆网站上作品著述最早出现在 Stein, Marc Aurel, Serindia: detailed report of archaeological explorations in Central Asia and Westernmost China, Oxford, Clarendon Press, 1921.（斯坦因，《西域考古记》，1921年）

引路菩萨图
唐·敦煌藏经洞遗画
绢本设色
纵 80.5 厘米　横 53.8 厘米
大英博物馆藏

93　道德镜鉴　招魂经幡

藏十王变相图下引路菩萨像题记"南无引路菩萨",是我们认识此类图像的最直接和最为可信的资料。

敦煌引路菩萨像首推 Stein painting47,"浅褐地色,左上角绘彩云,云上有楼阁长廊,表示净土世界。右上角有'引路菩'三字。画中引路菩萨和随在菩萨身后的贵妇亡灵立于云层上。菩萨面相丰满,有须髭,右手执香炉,左手拿莲茎,茎上挂引路幡(招魂幡),脚踏白莲,半侧身,略回首。其身后盛装贵妇,体形丰满,蛾眉樱唇,金饰博髻,垂眼下视,神情安详,似已无生之贪婪、死之恐惧,排除了一切杂念,随菩萨往生净土。人物造型及衣饰裙服,是盛唐时期风行于上层社会的典型式样,与唐画《簪花仕女图》中贵妇、莫高窟第130窟甬道南壁《都督夫人太原王氏礼佛图》中十三小娘子形象均极相似。莫高窟初唐第205窟亦有同一题材壁画。"(《敦煌学大辞典》)

中土大乘佛教流行以后,阿弥陀佛、观音和大势至菩萨的造像组合,逐渐取代了释迦牟尼、帝释和梵天的组合,尤其是观音菩萨,在佛教盛行地区可谓始终是一个重要的崇拜对象。在中国佛教的两大系统汉传佛教与藏传佛教信仰中,观音菩萨都是一个重要神祇,甚至可以说在某种程度上,其地位几乎超越了佛。随着佛教信仰的民间化,在内地,观音崇拜顺理成章地演变为对观音娘娘的民间信仰;在藏区,观音则成为雪域的保护神,而执掌政权的藏王成为观音在现世的化身。

将《引路图》中的菩萨确认为观音时,我们需要论证。

佛教图像志中对于持莲花菩萨的造像,尤其是立姿像,一般多称之为"莲花手",即观音菩萨的一种典型身形。尼泊尔有一则关于"莲花手"的传说:有一头大象想要去摘池塘中的莲花,不幸滑进烂泥中,这头大象痛苦地大喊并祈祷那拉衍那。这时正在丛林中的圣观音听到了求救声,马上变成那拉衍那的样子将大象从沼泽中解救出来,为表达感激之情,得救的大象将采得的莲花献给观音。观音则将莲花献给

95　道德镜鉴　招魂经幡

引路菩萨图（局部）

了释迦牟尼佛，释迦牟尼佛要他将莲花献给他的本尊无量光佛。观音将整个故事告诉了无量光佛，为了赞扬观音的慈悲行为，无量光佛让他永远持有莲花，继续做有利于众生的事。从此以后，观音就以"莲花手"而著称。

藏传佛教中"莲花手"即观音菩萨。而汉传佛教造像中，持不持莲花的观音菩萨都是存在的。唐代以来流行的"引路菩萨"身形与观音相近相同。《引路图》上的菩萨左手持莲花。另外那几幅分藏在大英博物馆和法国吉美博物馆的"引路菩萨"也都手持莲花。菩萨们的头上有化佛，据此可确定此菩萨为观音。《引路图》菩萨的莲花上还挂有引路长幡，这应是从汉族丧葬礼节中"招魂幡"（冥幡）衍化出来的。

在佛学和美术史有着双重意义的珍贵《引路图》是怎么会流传到英法去的呢？这便牵涉到了上个世纪初发生在敦煌的一段公案。

英国人斯坦因上世纪初曾四次来过中国。这位探险家、考古学家在一般中国人的心目中又是强盗、窃贼，又是阴谋家。《引路图》就是他在 1907 年或 1914 年敦煌行时带回英国的，同时还带走了数以万计的敦煌文书、经卷和绘画。稍后又有法国人伯希和、日本人橘瑞超等闯入者到过敦煌。他们买通当时的看守人王圆箓道士，将敦煌的大量艺术瑰宝和经典文献运往了自己的国家。致使今天学界还有一种声音："敦煌在中国，敦煌学在欧洲"。往事不堪回首，百年创痛百年思索。今天的中国已经从深深的刺伤痛苦中冷静下来了，我们可以用更加理性的态度回望百年沧桑，甚至可以反躬自问，让一名道士来看守佛造像洞窟本身不就是一件令人啼笑皆非的荒唐事吗？这类荒谬事也只是折射了那个时代的荒唐与悲哀。

敦煌的伟大和重要以及它和丝路的关系如今怎么强调也不过分。为此，我们对那些"敦煌的守护神"，敦煌的研究学者常书鸿、吴坚、段文杰、樊锦诗等"敦煌人"心存感激。同时，我们对关注敦煌，研究和传播敦煌艺术的张大千、

晚唐女供养人像（局部）
1945 年
潘絜兹　摹
纸本设色
纵 156.6 厘米　横 108 厘米

季羡林、饶宗颐、平山郁夫、倪密·盖茨等中外学人与艺术家也深表敬意。甚至连斯坦因这一类"盗窃""骗取"了大量敦煌艺术与经卷的"闯入者",也不妨以中华文明"熔炉式"的巨大包容力以及佛家因果循环的般若智慧来重新审视他们,重新审视敦煌的凤凰涅槃和别样弘法的艺术传播。

引路菩萨图(局部)

  敦煌艺术在中国整个艺术史上的特点与价值,在于它的对象以人物为中心,在这方面与希腊相似。但希腊的人体的境界和这里有一个显著的分别。希腊的人像是着重在"体",一个由皮肤轮廓所包裹的体积感,所以表现得静穆稳重。而敦煌人像全是在飞腾的舞姿中,连立像、坐像的躯体也是在扭曲的舞姿中,人像的着重点不在体积而在那克服了地心吸力的飞动旋律。所以身体上的主要衣饰不是如犍陀罗雕刻表现为贴体的衫褐,而是飘荡飞举的缠绕着的带纹(在北魏画里有全以带纹代替衣饰的)。佛背火焰似的圆光,足下的波浪似的莲座,联合着这许多带纹组成一首广大繁复的旋律,象征着宇宙节奏,以包容这躯体的节奏于其中。这是敦煌人像所启示给我们的中西人物画的主要区别。在西方,只有英国的画家勃莱克《神曲》插画中人物，才表现出这同样的上下飞腾的旋律境界。近代雕刻家罗丹也摆脱了希腊古典意境，将人体雕像谱入于光的明暗闪烁的节奏中，而敦煌人像却系融化在线纹的旋律里。敦煌的艺境是有音乐意味的，全以音乐舞蹈为基本情调，《西方净土变》的天空中还飞跃着各式乐器呢。

从一定意义上讲，敦煌既是丝绸之路的起点，也是丝绸之路的终点。既然丝绸之路是"点实线虚""以点带线"的生态特征。那么敦煌研究一方面要"打深井"，又要"走跳棋"，真正读懂敦煌，读通敦煌，读懂创造这些艺术的不同时代。比如我们常常提到的莫高窟第 130 窟的大佛造像。庄严敦雅、伟岸肃穆的 26 米高佛造像放在一个狭小的空间里，让瞻仰者无不震撼！同时又令观者暖流涌动，高山仰止。所谓"望之俨然，即之者温"。

我们不妨设问：敦煌的艺术语言构成中有没有印度的？有没有犍陀罗的？有没有希腊罗马的？都有！这就是盛唐气象。它和唐诗

簪花仕女图（局部）

所营造的雄强博大、儒雅风流、万千气象互为印证。所以解码敦煌不仅要从敦煌的文书、经卷、佛造像和壁画里去找答案，要从敦煌附近的马蹄寺、天梯山、炳灵寺、麦积山的艺术关系中找答案，还要从大足、云冈、那烂陀、巴米扬、帕特农的遥远艺术中去发掘寻找，从它们的互相关系中去寻找。具有历史感的理性研究一定要认识到，优秀的文化遗产既是个体的也是时代的，既是民族的也是世界的。从保护和利用的角度讲，我们更无需为不同民族、不同国家的文化划分轩轾，判别优劣。读懂敦煌是我们的责任，读通敦煌是我们的幸福。

这是《引路图》引出的并非多余的话。

引路菩萨图
五代·敦煌藏经洞遗画
绢本设色
纵 84.4 厘米　横 54.7 厘米

大英博物馆藏

美人如花花如梦

汗牛充栋的关于大唐之国研究文本中,多是从政治、军事、经济、宗教等外部宏观角度去观察和解读。关于大唐气象,人们也多是从唐诗、乐舞、雕塑、建筑、服饰等角度来叙述来欣赏。错虽不错,然往往失之于太空泛太文气不直观不爽利。如果用一句大白话来概括缤纷大唐,那么这个王朝的根本气质便是:男人像男人,女人像女人。在稍后走马灯式变幻的风尚中,宋朝是男人像女人,元朝是女人不像女人,明清两朝则是男人不像男人,女人不像女人。雄风一统又风情万种的大唐背影越来越模糊,美人如花的季节越来越凋零。人总是对那些即将消失正在消失和已经消失的东西追慕不已。这许是人们今天还津津乐道的那个千年以前王朝时的潜意识:男人的荷尔蒙躁动和女人的雌激素幻想。人们在记住了男人纵马驰骋、弯弓射虎的同时,也迷恋于女人的妩媚。在缤纷大唐的五光十色中,是美人唐妆,让一个朝代有了颜色和自信。《簪花仕女图》定格的正是:女人如花如梦,这一道永不褪色的风景。

一千多年前，照在长安城的那轮明月和今天的月亮没有太大分别。明月依旧，人世间早已沧海桑田，天翻地覆。昔日平坦开阔的朱雀大街，荷花映日的太液池，丝竹匝地的华清宫，都已在岁月年轮碾压下，零落成尘风吹散。唯有这张《簪花仕女图》徐徐展开的时候，那一抹晕染的绯红又点燃了大唐的天空，也浓烈了今人的幻梦。

说《簪花仕女图》（以下简称"仕女图"）是全世界唯一的唐代仕女画传世孤品也许还会有争议，但画中人演绎的这场精彩绝伦、色彩缤纷的视觉盛宴，一直占据着人们回望大唐视线的焦点却是不争的事实。"仕女图"共绘 6 位圆颊丰体的贵妇，身着抹胸长裙，外罩薄纱下显出半透明肌肤的质感。在仕女脸上手上罩染的白色下，一个个粉妆玉琢，肤若凝脂的肩颈和细眼樱唇，在云髻高耸、花枝摇曳、顶戴夸张和华丽服饰的映衬下显得格外光彩照人。仕女们神态安闲，或戏犬或漫步或赏花或拈蝶，在满庭芳菲的宫苑中消磨着时光。一丝不易察觉的浅笑挂在眼角，是孤芳自赏的矜持还是春心萌动的撩拨？这份臭美是那样高贵又那样含蓄，让人着迷又让人难以捉摸。语焉不详，于是歧见丛生中有人批

簪花仕女图
唐・周昉
绢本设色
纵 46 厘米　横 180 厘米
辽宁省博物馆藏

"仕女图"采用了唐代典型的平铺列绘的构图方式,卷首与卷尾二美人均作隔空回望处理,将通卷舒展的气息收拢到一起,使画中三组独立成篇的人物顿时互相呼应,使这些如"摆拍"般的仕女肖像同时具有了唐代人物画叙事性特征,故格外引人入胜又耐人寻味。传神未必独阿睹,画家要出十八般武艺又调动多种手段来"传神",正可以看出人物画由晋入唐后的空前发展与技术手段的丰富多彩。

评:画中美人表情僵硬,眼神呆滞,哪有一丝赏春的喜悦?寂寞深宫,空置韶华,何来半份生命的得意?更有所谓知画之论:"顾恺之尝言,'四体妍媸本无关妙处,传神写照尽在阿睹','仕女图'有面无目,妙在何处!"

如何释疑解惑,回答这些问题当然还是要仔细回到"仕女图"本格阅读中来。

"仕女图"画面右端开始,婷婷而立的是一位贵族妇女,体态丰硕,发髻高大,上插牡丹花一枝,髻前饰金玉步摇,那珍珠在不停地摇晃。她头上的鬓发和短鬘,茸茸地分披在丰满的额前和耳边,显得青春焕发。她向右倾斜的姿势,外披紫色纱罩衫,衫上的龟背纹尚隐约可辨。朱色的长裙上,画有斜格纹样。紫绿色花纹的洁白丝绸衬裙,长过纱衫,拖曳到地而上。右手摆向前侧,靠着纱衫;左手执拂子前伸,拂穗的摆动,逗引着小狗做戏,而小狗仿佛深通人意,也朝拂穗不停地张嘴摆尾,做出扑跳的姿态。

画面左起第二位妇女身材娇小,神情庄重,身着朱红披风,外套紫色纱罩,从远处巧移莲步而来。发髻上插海棠

花，脖子饰金质云纹项圈。

画面左起第三位贵族女人髻插荷花，身披白花格子纱衫，胸前束朱色斜格长裙曳于地面，紫色帔子上有粉和青花枝纹样。她右手略向上举，反掌拈红花一枝，左手髻上取下金钗朝着右边移去，目光注视新折下来的花枝，凝神遐思，准备将它插上发髻最显眼的地方。在她的面前有一只举足欲行的丹顶鹤，似乎引不起她一点兴趣。（笔者以为，画面上的丹顶鹤正是后世挖补上去的。）

……

画面左起最后一位髻插芍药花的贵族仕女，浅紫色的纱衫上，有以四个斜角田字为一组的菱纹。白地帔子绘有彩色云鹤，从肩后身向前胸下垂。她右手举着刚捕捉的蝴蝶，左手提起帔子使它垂直。她上身往前微倾，以迎接向她跑来的小狗。

牡丹花、海棠花、荷花、芍药花……如果我们读懂这些花语，我们就读懂了国色天香、倾国倾城、花中君子、坚贞纯洁、依依惜别、难舍难分，也读懂了相思苦恋和解花语、断肠草，读懂了美人心事。以花喻美人不仅仅是古代中国意趣和情思，也是世界不同国家的艺术的通感和艺术家抒发和赞美爱情的习惯表达。诚如英国当代女歌手莎拉布莱曼在《斯卡布鲁集市》一歌中唱的那样，欧芹、鼠尾草、迷迭草和百里香以及那件不是用针线而是用心血缝制的衬衫，都是寄给远方爱人的芬芳爱情。

《簪花仕女图》作者周昉，字仲朗，一字景玄，京兆人。周出身于仕宦之家，其长兄周皓即是随哥舒翰征战沙场的大将，西征吐蕃立军功，受任执金吾。这是天宝八年(749)的事，周皓时年22岁。以此推测可知周昉约生于开元（713–741）年间，比另一位丹青圣手张萱略小。周昉用笔朴实灵动，气韵高贵古雅。"仕女图"采用了唐代典型的平铺列绘的构图方式，卷首与卷尾二美人均作隔空回望处理，将通卷舒展的气息收拢到一起，使画中三组独立成篇的人物顿时互相呼应，

簪花仕女图（局部）

使这些如"摆拍"般仕女肖像同时具有了唐代人物画叙事性特征,故格外引人入胜又耐人寻味。传神未必独阿睹,画家耍出十八般武艺又调动多种手段来"传神",正可以看出人物画由晋入唐后的空前发展与技术手段的丰富多彩。

"仕女图"的研究者都知道,1972 年,因为原作在流传过程中损坏严重,辽宁省博物馆不得不将此图送故宫博物院重新装裱。这时人们发现"仕女图"乃三段拼接而成,鹤、犬、人也有挖补痕迹。于是物议非非,聚讼迭起。愚以为,挖补虽是事实,但三段并非不是一体。重装后的精彩亦非装裱师之匠心,而是原作者的精心架构。至于有人推论此幅无名无款的"仕女图"未必是唐人周昉画迹,在没有确凿证据证明此图身份之前,不妨持"疑问从无"的客观态度吧。何况这些丝毫不影响《簪花仕女图》的审美价值与历史地位。

唐朝的女人多姿多彩,"仕女图"虽是独特存在,然

X 夫人(安娜-伊丽莎白·德·诺埃尔伯爵夫人)
罗丹
大理石·雕塑

大都会艺术博物馆藏

《米洛斯的维纳斯》（又称《米洛斯的阿芙洛蒂忒》《断臂的维纳斯》）是古希腊雕刻家阿历山德罗斯于公元前150年左右创作的大理石雕塑，现收藏于法国卢浮宫博物馆。

雕像表现出的爱神维纳斯身材端庄秀丽，肌肤丰腴，美丽的椭圆形面庞，希腊式挺直的鼻梁、平坦的前额和丰满的下巴，平静的面容，流露出希腊雕塑艺术鼎盛时期沿袭下来的思想化传统。她那微微扭转的姿势，使半裸的身体构成一个十分和谐而优美的螺旋形上升体态，富有音乐的韵律感，充满了巨大的艺术魅力。

米洛斯的维纳斯
约公元前150年
阿历山德罗斯
大理石·圆雕
高204厘米

法国卢浮宫博物馆藏

安格尔创作的《泉》，在深色的背景下画一位少女扶持水罐沐浴。她柔嫩的脚下是质感坚硬的青灰色岩石，周围零星点缀着几朵娇嫩小花。在一片安静、纯洁的氛围中少女玉雕般的躯体以《米洛斯的维纳斯》的姿态反立，呈现出同样柔美变化的曲线。没有表情的脸上更现出一种纯洁、无邪的神态，尤其是那双美丽的大眼睛充满了童稚，如泉水般宁静、清亮。

泉
1830年-1856年
安格尔
布面油画
纵163厘米　横80厘米
奥塞美术馆藏

由此勾连的种种意向却无比丰富。它首先让我们联想起的可能就是那位"倾国倾城"的杨贵妃。

关于杨贵妃的形象，不少人是从京剧《贵妃醉酒》上见识的。今天大概没有几个人还会真的喜欢那位咿咿呀呀摇头晃脑，对月抒怀一唱半天的贵妃了。但有白乐天《长恨歌》在，美人魅力从不打折，也丝毫未减。

> 汉皇重色思倾国，御宇多年求不得。
> 杨家有女初长成，养在深闺人未识。
> 天生丽质难自弃，一朝选在君王侧。
> 回眸一笑百媚生，六宫粉黛无颜色。
> 春寒赐浴华清池，温泉水滑洗凝脂。
> 侍儿扶起娇无力，始是新承恩泽时。
> 云鬓花颜金步摇，芙蓉帐暖度春宵。
> 春宵苦短日高起，从此君王不早朝。
> ……

后来有人将祸起萧墙的"安史之乱"归罪于君王好色、佳人误国当然失之肤浅，可不予置评。只是美人祸水的观点却成了国人根深蒂固的道德评判。所谓"色字头上一把刀"，尽管此仕女非那贵妃，这一刀还是刺伤了"好色"的男人和不一定误国的女人。如此一想，"仕女图"上的浓妆与浅笑便平生出一种妖媚与不祥。话虽这样说，私下里哪一个男人不想一亲美人芳泽呢？心照不宣就是不可说，于是"贵妃醉酒"就着力渲染玄宗皇帝和杨贵妃"纯洁"的生死爱情。"在天愿作比翼鸟，在地愿为连理枝"，那点羞于说又不能说的鬼心思便被粉饰得花枝招展可以大唱特唱了。杨贵妃与西施、王昭君、貂蝉合称"古典四大美女"，有沉鱼落雁、闭月羞花之绝世姿容，她们的命运故事也大致相似。

大唐是一个"美人窝"。当然不是"燕瘦环肥"四美一词可以全部概括。再说，形象美气质美情感美才华美的多样标准也不局限于"仕女图""长恨歌"一种标准。且莫说武则天、太平公主、上官婉儿、李裹儿这类不让须眉的政坛弄潮高手，还有剑圣之公孙大娘、和亲之文成公主、才华卓绝之鱼玄机，再加上"画纸为棋局"的杜甫发妻和浔阳江头的琵琶歌女等等等等更让人数不胜数，眼花缭乱。

浔阳江头那位无名无姓的琵琶女的形象，拜诗人白居易所赐让我们记住了江枫渔火的伤情一别，也记住了这位令人神往令人唏嘘的过气美人，也不因"犹抱琵琶半遮面"而稍逊颜色。元和十年白居易左迁九江郡司马，翌年秋一次送客湓浦口，闻舟中琵琶声起，铮铮然有京都声。问其人，本长安乐伎。今年长色衰，委身为贾人妇。遂令伴酒快弹数曲。曲罢悯然，自叙少小时欢乐事，今漂沦憔悴，转徙于江湖间。白诗人出官二年，恬然自安，今感斯人言，是夕始觉有迁谪意。因此作长句歌以赠"同是天涯沦落人"。《琵琶行》："沉吟放拨插弦中，整顿衣裳起敛容。自言本是京城女，家在虾蟆陵下住。十三学得琵琶成，名属教坊第一部。曲罢曾教善才服，妆成每被秋娘妒。五陵年少争缠头，一曲红绡不知数"，"秋月春风等闲度"，"暮去朝来颜色故"。琵琶女如今容颜虽老，想当年也是一位一等一的美人坯子。

唐朝美人中，蜀中薛涛代表的是别一番风韵。

唐代女诗人薛涛（768-832），字洪度，京兆长安（今陕西西安）人。薛涛父亲薛郧学识渊博，把这个唯一的女儿视为掌上明珠，从小就教她读书，写诗。

薛涛八岁那年，薛郧在庭院里的梧桐树下歇凉，他忽有所悟，吟诵道："庭除一古桐，耸干入云中。"薛涛头都没抬，随口续上了父亲薛勋的诗："枝迎南北鸟,叶送往来风。"父亲闻之又喜又忧。一方面有感于女儿的才华，一方面又从中听出了不祥之音。薛郧去世时薛涛仅16岁，不得已凭借"容姿既丽"和"通音律，善辩慧，工诗赋"加入乐籍，成了一名营伎。

身在欢场，使得她与当时许多著名诗人都有来往，白居易、张籍、王建、刘禹锡、杜牧、张祜等诗坛领袖也列在

作品取材于《旧约》。画中朱迪斯敞开衬衣，睡眼惺忪。克里姆特描绘的朱迪斯苗条、柔软、性感，展示了性吸引的黑暗的一面。

朱迪思 I

1901 年
克里姆特
画布

薛涛的"朋友圈"中。其间多少风流风雅风骚大概个中人也无法分得清楚。

关于唐朝风月场的种种风流，唐人薛用弱《集异记》中"旗亭画壁"的故事最热闹最生动最风雅也流传最广。

唐玄宗开元年间，诗人王昌龄、高适、王之涣齐名，当时他们还没有做官，交游来往大抵都是相同的圈子。

有一天三位诗人一起到酒楼去赊酒小饮。忽然有梨园十余子弟登楼聚会宴饮。三位诗人离席登楼，围着小火炉作壁上观，且看她们表演节目。一会儿又有四位漂亮而妖媚的梨园女子，珠裹玉饰，摇曳生姿，登上楼来。随即乐曲奏起，演奏的都是当时有名的曲子。王昌龄等私下相约定："我们三个在诗坛上都算是有名的人物了，可是一直未能分个高低。今天算是有个机会，可以悄悄地听这些歌女们唱歌，谁的诗编入歌词多，谁就最优秀。"

一位歌女首先唱道："寒雨连江夜入吴，平明送客楚山孤。洛阳亲友如相问，一片冰心在玉壶。"王昌龄就用手指在墙壁上画一道："我的一首绝句。"

随后一歌女唱道："开箧泪沾臆，见君前日书。夜台何寂寞，犹是子云居。"高适伸手画壁："我的一首绝句。"

又一歌女出场："奉帚平明金殿开，且将团扇共徘徊。玉颜不及寒鸦色，犹带昭阳日影来。"王昌龄又伸手画壁，说道："两首绝句。"

王之涣自以为出名很久，可是歌女们竟然没有唱他的诗作，面子上似乎有点下不来。就对王、高二位说："这几个唱曲的，都是不出名的丫头片子，所唱不过是'巴人下里'之类不入流的歌曲，那'阳春白雪'之类的高雅之曲，哪是她们唱得了的呢！"于是用手指着歌女中最漂亮、最出色的一个说："到她唱的时候，如果不是我的诗，我这辈子就不和你们争高下了；如果是唱我的诗的话，二位就拜倒于座前，尊我为师好了。"三位诗人说笑着等待着。

一会儿，轮到那个梳着双鬟的最漂亮的姑娘唱了，她一开口便是："黄河远上白云间，一片孤城万仞山。羌笛何须怨杨柳，春风不度玉门关。"王之涣得意至极，揶揄王昌龄和高适说："怎么样，土包子，我说的没错吧！"三位诗人开怀大笑。

那些歌手们听到笑声，不知道发生了什么事情，纷纷走了过来："请问几位公子，在笑什么呢？"三位诗人就把比诗的缘由告诉她们。歌女们施礼下拜："请原谅我们俗眼不识神仙，恭请诸位大人赴宴。"三位诗人应了她们的邀请，欢宴一宵。

前文说过薛涛不是一般角色。如此调笑欢宴的生活想必也是薛涛营伎生活之常态。只是纸醉金迷的日子佳人没有彻底沉沦，一旦春风拂面，爱情降临的时候，薛涛才收起面具，表现出自己的真性情。

元和四年（809 年）三月，当时正如日中天的诗人元稹，以监察御史的身份奉命出使蜀地，特地约薛涛在梓州相见。与元稹一见面，她就被这位年仅 31 岁的年轻诗人俊朗的外貌和出色的才情所吸引。

爱情之火一经燃烧就极为炽烈。尽管薛涛已经步入中年，但那种前所未有的震撼与激情告诉她，这个男人就是她梦寐以求的人，于是便如同飞蛾扑火般将自己投身于爱的烈焰。第二天，阅人无数的半老徐娘写下了《池上双鸟》：

> 双栖绿池上，朝暮共飞还。
> 更忆将雏日，同心莲叶间。

完全一副柔情万种的小女子情状。迟来的爱情让薛涛感受到了从未有过的幸福，两个人流连在锦江边上，相伴于蜀山巴水。这年 7 月，元稹调离川地任职洛阳，细算起来，他们在一起的日子不过 3 个月而已。

劳燕分飞，关山阻隔。此时能够寄托相思之情的唯有一首首诗了。薛涛也是在这时候迷上了写诗的信笺。她喜欢写四言绝句，律诗也常常只写八句，因此经常嫌平时写诗的纸幅太大，于是就对当地造纸的工艺加以改造，将纸染成桃红色，裁成精巧窄笺，特别适合书写情书，人称薛涛笺。"薛涛笺"以胭脂水浸泡捣成纸浆，加上云母粉，渗入井水制成粉红色笺纸，风干后有松花纹路，世谓"南华经、相如赋、班固文、马迁史、薛涛笺、右军帖、少陵诗、达摩画、屈子离骚"乃古今绝艺。试问，这些古今绝艺哪一件不是以泪调和、以血浸染的绝世之精啊？

多少年后，薛涛的故事戛然而止。又是一个黄昏，浣花溪依然涓涓流淌，小桥西畔的"潇湘馆"里，薛涛的生命已近尽头。一年前，听说元稹已猝然离世，从此人间再无牵挂，陪伴她的只有这一页页不曾寄出的桃花笺……

大唐美人，从"春风拂槛露华浓"之杨贵妃到"唐诗女王"薛涛到"仕女图"上的绝世姿容，不是她们用美貌与才情征服了男权世界，而是男人常常自投罗网，甚至高扬"不爱江山爱美人"的旗帜为自己打气。因为在男人的眼中，世界永远是"美人如花花如梦"。爱情的世界无分东西。《米洛斯的维纳斯》、安格尔的《泉》、克里姆特的《朱迪思I》、拉斐尔的《美惠三女神》、罗丹的《少女》等西方女性题材的传世经典之所以一直深受人们喜爱，除了艺术家们无与伦比的表现力之外，他们原创的动力中难道就没有性意识的活跃与觉醒吗？当然这一切又被"发乎情，止乎礼"艺术法则约束在"不逾矩"的审美范围之内，使之与色情无关。

《美惠三女神》象征自然赐予的美丽和欢愉。体现了文艺复兴人文主义中积极永恒的人生观。及至今日，意大利画家仍不断诠释三美神这类古典题材。

美惠三女神
1504年
拉斐尔
木板油画
纵17厘米 横17厘米
圣·孔德美术馆藏

117　美人如花花如梦

兰亭远眺话风流

兰亭位于浙江绍兴兰渚山下，这一带有"崇山峻岭，茂林修竹，又有清流激湍，映带左右"，是山阴道上风景绝佳处。相传春秋时越王勾践曾在此植兰种花，汉时设驿亭，故名兰亭。然真正令兰亭名满天下，千年传声，还是由于"兰亭"是东晋"书圣"王羲之的故居，王羲之曾于此写下了"天下第一法帖"《兰亭诗集序帖》。

狭义的兰亭是指兰亭景区内的御碑亭。现亭建于清康熙年间，碑上的"兰亭"二字为康熙御笔。20世纪70年代遭破坏，修复后留下"兰"字缺尾，"亭"字少头的遗憾。

兰亭是个小亭，但已接纳过古今中外无数膜拜凭吊"书圣"王羲之的访客；兰亭是个凉亭，可又温暖着一个个诗思饱满、书意沛然的求道灵魂；兰亭是个残碑破亭，然而它的文化意象神完气足又八面出风，从中孕育出书法艺术的庙堂气象。王羲之这个名字起得太好了！"羲"者上升之气汩汩不绝。就是这个"王右军"，不仅扛起了"江左风流"中王氏家族的光荣与梦想，更使书法一艺成为中华文明传薪之火炬。

王羲之,字逸少。居会稽山阴(浙江绍兴),官至右军将军,会稽内史,人称"王右军"。其书艺达到了"贵越群品,古今莫二"的高度。东晋王、谢、郗、庾四大家族中,最显赫的要算王家,而书法成就最卓著的也当之无愧属于王氏一族。这个书法世家里,有父子争胜,兄弟竞较,还有夫妻比试,姻亲相学等互相传袭的好家风好学风,这不仅在书法史上显得极为耀眼,在世界艺术史上也是独一无二。特别是"书圣"王羲之和七子王献之被世人并称为"二王"。一是姓王,二是"大王",王氏的骄傲无人可比。

王羲之伯父王导是东晋著名政治家。王导从小有远见,才智出众,度量宏大。十四岁时,陈留高士张公见他相貌不

画中内容出自唐代初年监察御史萧翼从僧辩才处为太宗李世民赚取王羲之书《兰亭诗集序》真迹的故事,事见唐何延之著《兰亭记》。全幅共画五人,安坐在方凳上的书生,两手拱于袖间,右肩微向前倾,目光机敏,面容沉静;盘腿坐在高背根雕椅上的老僧,右手持法器放在腿上,左手打着手势,布满皱纹的脸上给人的印象是安详而又诡谲。两人相对而坐,正在平静地交谈着。图中表现了两人初次见面的

情景，能够说明这点的是仆人们的形象。萧翼身后站着的书童，破衣烂衫，一手在胸前抱书包，另一手在头上使劲地搔痒，嘴歪向一侧，旁若无人。

凡，惊奇地对他的堂兄王敦说："此儿容貌志气，真是将相之才！"王导在东晋历仕晋元帝、晋明帝和晋成帝三代，是东晋政权的奠基者之一。

王羲之的妻子姓郗名璇，字子房，太尉郗鉴家中的掌上明珠。这位奇女子熟读经书，是当时有名的才女。书法卓然独秀，空灵飘逸，被称为"女中笔仙"。她与王羲之结为夫妻，虽然是父母之命，但有一段佳话传颂至今。

郗鉴与王羲之的伯父王导是世谊交好。谈婚论嫁时，王家子侄辈中的年轻人任郗家挑选。于是郗家派人去王家探听风声目测女婿人选。其他王家子弟都穿戴上最华丽的衣饰，展示翩翩风度，急于在相亲中胜出。可唯独一位青年人泰然袒腹倚卧，不修边幅，一派率真，怡然自得地一手吃胡饼一

萧翼赚兰亭
宋·摹本
绢本设色
纵28厘米 横65厘米
辽宁省博物馆藏

手扇扇子，这人便是王羲之！

郗鉴因见王羲之不矫揉造作，知其超凡脱俗，便选了他做女婿。婚后小两口幸福如在天堂，每当王羲之陪伴郗璇闲步于建康城时，郎才女貌令满城花树尽失颜色。玉树临风的夫妇琴瑟和鸣，精神相契。郗璇为王羲之培育了八个子女，各个才貌双全。惜羲之寿命不长，但妻子却享有九十多岁的高寿。

王羲之长子王玄之，次子王凝之，三子王涣之，四子王肃之，五子王徽之，六子王操之皆学有所成并善书。七子王献之字子敬，小名官奴，为兄弟中书法成就最高者。王献之自幼聪明好学，在书法上专攻草隶，也擅长绘画。献之自小跟随父亲练习书法，后期兼取张芝，自创新体。王羲之在《十七帖》中说"吾有七儿一女"，史料中女儿鲜见。《世说新语》载："瑾字仲璋，南阳人。祖遐，父畅。畅娶王羲之女，生瑾。瑾有才力，历尚书、太常卿。"看来王羲之的亲家叫刘遐，女婿叫刘畅，外孙叫刘瑾。那么，王羲之的女儿叫什么呢？叫孟姜——当然，不是哭倒长城的那个孟姜女。

王羲之还有一位重外孙也非常了得，此人即东晋著名诗人谢灵运。李太白有诗"蓬莱文章建安骨，中间小谢又清发"说的是"小谢"谢朓，而"大谢"就是谢灵运。

王氏家族的后人里面还有一位接棒传薪的七世孙智永和尚。智永本名王法极，王羲之第五子王徽之后代，号"永禅师"。

王徽之是兄弟中书艺超脱者之一，且喜欢赏竹，生性高傲，放诞不羁，对公务并不热忱。后来索性辞官，显示出魏晋时期名士们任性适情的生活态度，不失清高和风雅。有《承嫂病不减帖》《新月帖》等法书传世。可见智永善书，渊源有自。智永不仅传灯王氏书风，还将传家之宝王羲之书《兰亭诗集序帖》真迹带到云门寺保存。云门寺有书阁专供练字，智永发誓"书不成，不下此楼"。就在这座冷清的小楼里如痴如醉地练字长达20年，毛笔用了一支又一支。智

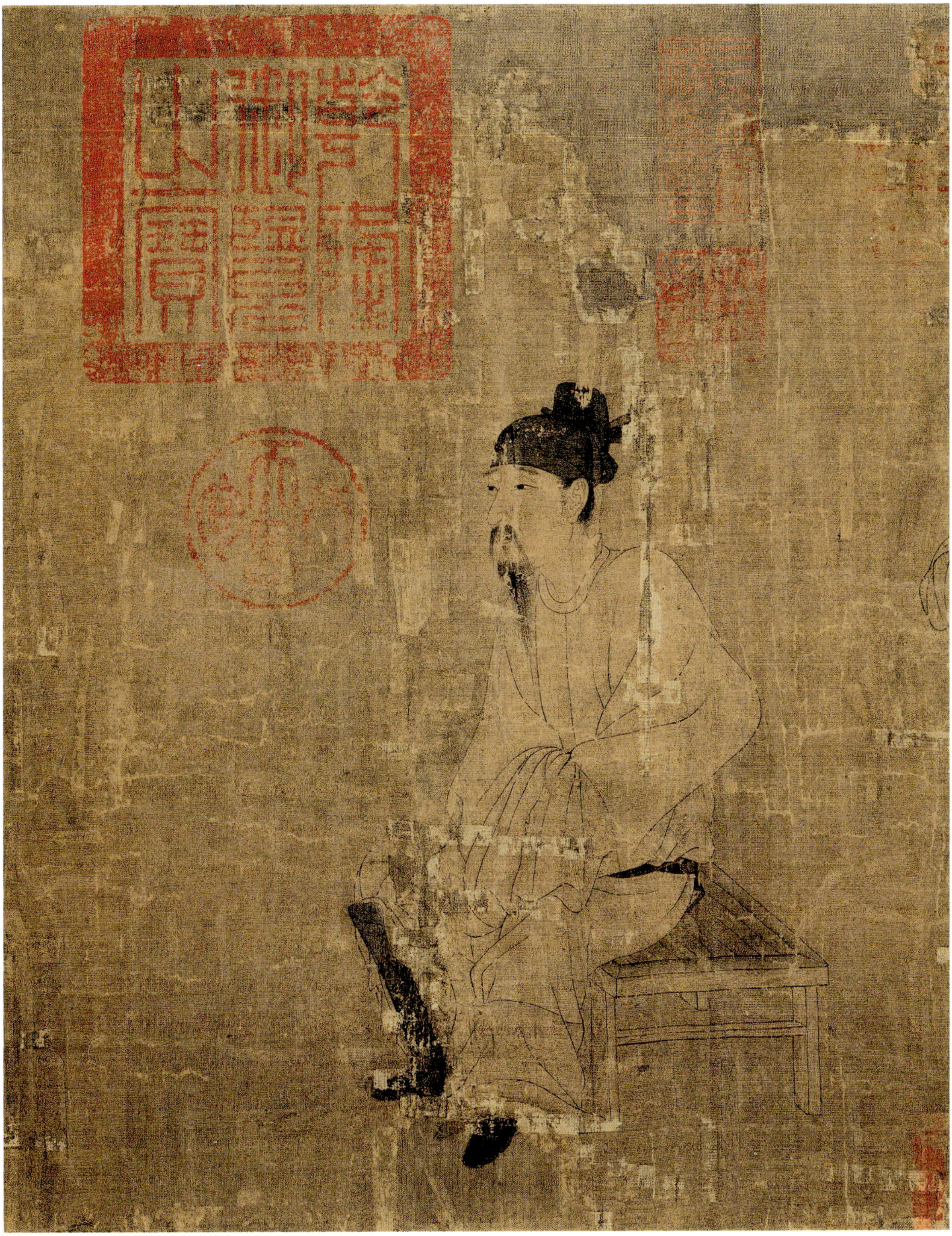

123　兰亭远眺话风流

萧翼赚兰亭（局部）

> 高不復壽龐金庭
> 宗何事窮蒐寶房
> 初雲補袞進賢
> 乾隆丙子御題

萧翼赚兰亭（局部）

永后来把这些废笔集中埋葬并自撰铭词以记,时称"退笔塚"。

智永对后世书法影响深远。所创"永字八法"为后代楷书立下典范。并临《真草千字文》八百多份广为分发,几可视为当时的书法教科书,其影响远及日本,现在也依然是书法学习的经典教材。

今天人们谈起智永不仅是由于他出家前的显赫家世和他的书法造诣,另一个匪夷所思的原因是他的那个号称"辨才"的徒弟其实是一个糊里糊涂不堪重托的和尚。由于辨才的轻信和疏忽,中了唐太宗李世民派来的间谍萧翼的诡计,弄丢了师傅智永的性命之托,"天下第一行书"《兰亭诗集序帖》从此由王门私藏更易为李唐国宝。王门悲哀李门乐,一家欢喜一家愁。唐贞观年间驰誉丹青的右相阎立本将以上故事画成《萧翼赚兰亭图》。尽管此图描绘的内容很离奇,尽管是为了刻画辨才失宝时的愚蠢以及萧翼阴谋得逞时的沾沾自喜,但天下至宝《兰亭诗集序帖》终于由一人私藏转为朝廷所有并由此传为天下公器总是幸事。《萧翼赚兰亭图》虽然画的是见不得人的巧取阴夺"间谍暗战",但也总算记录了文化史中的一大事件。何况王羲之的铁杆粉丝李世民又令冯承素、褚遂良、虞世南、欧阳询等人摹写"兰亭",客观上又使"兰亭"能名满天下传诸后世,真正竖起了"书圣"王羲之的"英雄纪念碑"。如此看来,"兰亭"的丢失对于王家又未必尽是悲情故事。从这个角度讲,萧翼不仅不是窃贼而当被视为文化传播之大功臣。

"萧翼赚兰亭"既然是故事,最多也只能当野史看。野史不足采信,可正史难道就是真相?对于史学家言,区分正史野史尚有必要,而对于普通人的历史感和兴趣培养来讲,哪一个人不是从野史开始学习的?人有智愚之别,史无正野之分。中国文化的本质特征是:真善美一体,文史哲不分,儒释道同源。从微言大义之经学,到流传百世之经典,在流传过程中总是不断被注释,被阐发,被传播,被丰富,有时甚至被剥离了母体,但对构成皮、肉、骨、神的精神全貌又不可或缺。何况读野史有趣好玩呢!

唐太宗喜欢书法，尤酷爱王羲之的字，倾力搜寻王书真迹，唯得不到"兰亭序"而遗憾。后听说辨才和尚藏有"兰亭序"便召见辨才，辨才只说见过此序但不知下落。太宗无可奈何，遂召见群臣，毫不掩饰地说出了夺人所爱的贪婪："朕梦寐以求右军兰亭帖，谁能用计从辨才手中取得，朕一定重赏。"尚书仆射房玄龄向唐太宗推荐梁元帝的曾孙、多才善谋的监察御史萧翼担当此任。唐太宗召见萧翼，萧翼奏道："陛下！我若作为公使去取兰亭帖是行不通的，请陛下给几件王羲之父子的杂帖，让我私自行动。"太宗诺。

领命后，萧翼打扮成山东书生的模样来到山阴永欣寺。他选择太阳快落山进寺还装作若无其事的样子观看寺中的壁画。当他游走到辨才的院落时，故意停步不前。辨才见这位游客气宇不凡，便上前施礼问道："何处施主光临寒寺？"萧翼彬彬有礼拜答："弟子是北方人，卖完蚕种顺道游历圣寺，在此有幸遇上高僧大德！"辨才请萧翼进房用茶，两人下棋抚琴，评文述史，探讨书法，情投意合，皆觉相见恨晚。辨才见萧翼不同常人，初时心生疑窦，酒后赋诗，以探虚实。诗云：

    初酝一缸开，新知万里来。
    披云同落寞，步月共裴回。
    夜久孤琴思，风长旅雁哀。
    非君有秘术，谁照不然灰？

萧翼为了打消辨才的疑虑当场也和了诗，两人清欢通宵。临别时，辨才请萧翼方便时再次光临。隔几天萧翼带来美酒看望辨才，接谈更为契趣。辨才疑团也就渐渐消失了。有一次，萧翼拿出梁元帝自画《职贡图》请辨才指教，辨才赞叹不已。萧翼又对辨才说："弟子自幼喜欢临帖，现在还珍藏着几件王羲之父子的真迹。"辨才听说是王羲之父子的真迹，连忙请萧翼带来看看。第二天辨才看过萧翼带来的二王的字帖后说："真迹倒是真迹，可惜不是佳品。贫僧有一王羲之的真迹，颇不平常。"萧翼追问是何帖，辨才毫不犹豫说是兰亭帖。萧翼见辨才上了钩，故意装出若无其事地说："数经战乱，王羲之的兰亭帖怎么还会在世呢？一定是赝品。"辨才怕萧翼不相信，连忙将藏在屋梁槛内的兰亭帖拿下来给萧翼观看。看后萧翼故意说是假的，于是二人争论不休。

辨才自从将兰亭帖给萧翼看后，就不再藏在屋梁上了，而把它和萧翼带来的御府二王杂帖一起放在书桌上。一天萧翼趁辨才外出做客，来到了方丈室，他让小和尚打开门，谎称自己将书帖遗忘在床上了。小和尚见是经常出没在大师房的萧翼，没加思索就开了门。萧翼将兰亭帖和御府二王杂帖放进衣袋内转身溜之大吉。

萧翼智取墨宝回到京城长安，唐太宗欣喜若狂，大摆宴席招待萧翼及群臣。席间唐太宗当众宣布：房玄龄荐人有功赏锦彩千尺。萧翼加官五品，晋升为员外郎，并赏住房及金银宝器。辨才犯欺君之罪，本应加刑，因年迈获免。为示宽大为怀，还赐给他谷物三千石。

关于萧翼的结局，有两种说法：一是萧翼把兰亭集序带回长安后，太宗予以重赏；二是萧翼因骗得兰亭集序而内疚，出家做了辨才的徒弟。《贞观之治》一书采用的就是第二种说法。

萧翼赚兰亭
宋·摹本
绢本设色
纵27.4厘米 横64.7厘米
台北故宫博物院藏

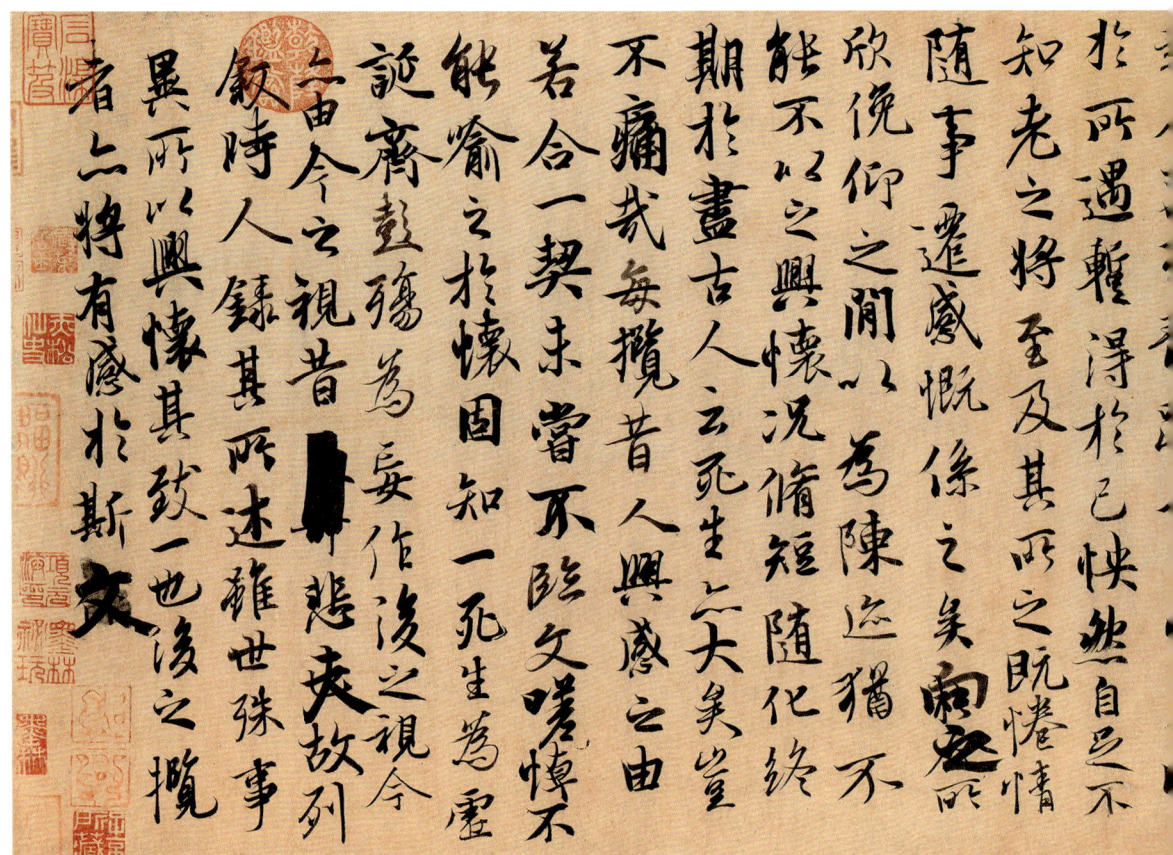

兰亭序（神龙本）
东晋·王羲之
纸本
纵 24.5 厘米 横 69.9 厘米
故宫博物院藏

《萧翼赚兰亭图》唐阎立本绘，今说是根据唐何延之《兰亭记》故事所作。《萧翼赚兰亭图》横宽 65 厘米，高 28 厘米，传世有三个摹本，以现藏辽宁省博物馆的北宋本最为珍贵。该图画辩才和尚与萧翼接谈场景，笔致细微精当，尤重细节刻画。图中绘一"列具"，长方形四足矮床，椭圆形器皿一，带托的茶具一，有人据此推测这是一张"煎茶图"，更有甚者推测此图画的是"茶圣"陆羽的故事。

何延之《兰亭记》是这样叙述的："《兰亭》者，晋右将军会稽内史琅琊王羲之字逸少所书诗序也。右军蝉联美胄，萧散名贤，雅好山水，尤善草隶。以晋穆帝永和九年暮春三月三日，宦游山阴，与太原孙统承公、释支遁道林等四十一人，修祓禊之礼。挥毫制序，兴乐而书，用蚕茧纸、鼠须笔，遒媚劲健，绝代更无。凡二十八行三百二十四字，有重者皆构别体。就中'之'字最多，乃有二十许个，变转悉异，遂无同者。羲之书时如有神助。及醒后，他日更书数十百本，无如被禊所书之者。右军亦自珍爱宝重，此书留付子孙传掌。七世孙智永俗号永禅师，克嗣良裘，精勤书艺。永欣寺即右军旧宅。后以每年拜墓便近，移居此寺。自右军之坟及右军叔荟以下茔域，并置山阴县西南三十一里兰渚山下。梁武帝以欣、永二人皆能崇于释教，故号所住之寺为永欣寺，事见《会稽志》。其临书之阁，至今尚在。"此说合情合理，不妨信之。但兰亭之谜的后续故事还在延续。

　　太宗得宝后命供奉拓书人赵模、韩道政、冯承素、诸葛贞等四人各拓数本，以赐皇太子诸王近臣。贞观二十三年，圣躬不豫，幸玉华宫含风殿。临崩，谓高宗曰："吾欲从汝求一物，汝诚孝也，岂能违吾心耶，汝意如何？"高宗哽咽流涕，引耳而听制命。太宗曰："吾所欲得《兰亭》，可与我将去。"及弓剑不遗，同轨毕至，随仙驾入玄宫矣。从此人间再无"真"兰亭。

也许"兰亭"魔力太大，后世便将追索的兴趣转移到《萧翼赚兰亭图》上来了。

后世梳理《萧翼赚兰亭图》庋藏脉络大致如下：

宋代施宿所撰《会稽志》中，有宋代吴说《跋阎立本画兰亭序》一文详细叙述了《萧翼赚兰亭图》及其在宋代的流传情况。他说，这幅画是"江南内库所藏，簪顶古玉轴，犹是古物"。宋太宗皇帝初定江南，兵部员外郎杨克逊知升州，当时李后主内府中的物品都被一一密封，杨克逊不敢启封便上奏皇帝，太宗皇帝将它们全部赏赐给了杨克逊。这件宝物最后传到杨家的女婿后人周谷的手中。北宋末年，与蔡京同为"六贼"之一的宦官梁师成，曾想用礼部度牒交换这幅画，周谷没有答应。后来周谷厌烦了这幅画带来的扰攘，便将它送给了同郡人谢伋。谢伋到建康后，这幅画为郡守赵明诚（这个人就是大名鼎鼎女词家李清照的状元丈夫）所借，并且再也没有还给谢伋。据谢伋说，这画上过去还有大牙签，上有李后主"上品画"的题跋。赵明诚死后，这幅画由李清照保管，避居绍兴时被盗贼偷去。后知这批赃物尽为吴说运使贱价得之。原来《跋阎立本画兰亭序》所叙述的，正是从盗贼手中贱价购得的《萧翼赚兰亭图》。

20世纪60年代中后期，书法界、学术界对王羲之的《兰亭集序》书迹的真伪问题大讨论时，也有文章涉及了《萧翼赚兰亭图》的真伪问题，特别是提出了图中老僧的禅榻、尘尾、水注的形制和书生的幞头、煮茶的火炉形状等都是五代、北宋时出现的，皆唐初所未见。

历史上，有几位名家都画过与《萧翼赚兰亭图》题材相同的作品。《宣和画谱》载御府有吴伟画《赚兰亭图》，但吴侁之名不载于唐张彦远《历代名画记》，至元《图绘宝鉴》中才见到他的传记，"吴侁，不知何许人，作林泉平远，溪友钓徒，皆有幽致"。五代南唐顾德谦也画过一幅，李后主曾说"前有恺之，后有德谦，其最异者，《萧翼取兰亭图》，风格特异"。除了上述画家，五代时巨然、元代钱选、赵子俊也有《萧翼赚兰亭图》，明代仇英也画过《赚兰亭图》。

这些花团锦簇的故事当然皆发端于"兰亭序"本身的艺术魅力。近日有人撰文论述"为什么《兰亭诗集序帖》能被称为天下第一法书"时指出，"古人排天下第一行书为《兰亭诗集序帖》、第二行书为《祭侄文稿》、第三行书是《寒食帖》是极有中国智慧的。苏轼的《寒食帖》，写'自我来黄州，已过三寒时'，写'空庖煮寒菜，破灶烧湿苇'，写'君门深九重，坟墓在万里。也拟哭途穷，死灰吹不起'，这是中国文人'小我'的感伤——自我的仕途命运的穷途之哭，是一个人的眼泪。而颜鲁公《祭侄文稿》，写'贼臣不救，孤城围逼'，写'父陷子死，巢倾卵覆'，摆脱了小我，记录的是家国天下，是'大我'的悲愤。那么羲之的《兰亭诗集序》呢？它连'我'都不要了——超越了《寒食帖》的个人仕途，超越了《祭侄文稿》的国家机构与家国信仰，什么仕途，什么天下……犹如禅宗'一切有为法，如梦幻泡影'，它写的是生命的本质，是哲学"。于是，《兰亭诗集序帖》是"'无我'的无相法门"。

"跳出书法论书法"颇合我的大文化观。

中国书法中的古典精神是一座难以攀越的高峰。唯其如此，才彰显了魅力永恒。书法艺术"行、草、隶、篆"四体中的行书（包括今草），因其应用最广，书者最多，也最为人们津津乐道，体现出的书法艺术之生命特征也最为丰富。书法的第一个高峰期出现在魏晋，由于士大夫文人的介入，汉字书写已非两汉时书吏的敷衍公文，刻板呆滞，而是加入了更多心性品格的表现。孰料这一"添加剂"改变了书法方向，催生了书法审美的觉醒。我们千万不可低估这些作为情感和审美的心灵话语的书写。正是它解构和重建了中国文字

虞摹兰亭序
唐・虞世南
纸本
纵 24.8 厘米　横 57.7 厘米
故宫博物院藏

褚遂良临兰亭序
唐・褚遂良
纸本
纵 24 厘米　横 88.5 厘米
故宫博物院藏

永和九年岁在癸丑暮春之初会于会稽山阴之兰亭修禊事也群贤毕至少长咸集此地有崇山峻领茂林修竹又有清流激湍映带左右引以为流觞曲水列坐其次虽无丝竹管弦之盛一觞一咏亦足以畅叙幽情是日也天朗气清惠风和畅仰观宇宙之大俯察品类之盛所以游目骋怀足以极视听之娱信可乐也夫人之相与俯仰一世或取诸怀抱悟言一室之内或因寄所托放浪形骸之外虽趣舍万殊静躁不同当其欣

永和九年岁在癸丑暮春之初会于会稽山阴之兰亭修禊事也群贤毕至少长咸集此地有崇山峻领茂林修竹又有清流激湍映带左右引以为流觞曲水列坐其次虽无丝竹管弦之盛一觞一咏亦足以畅叙幽情是日也天朗气清惠风和畅仰观宇宙之大俯察品类之盛所以游目骋怀足以极视听之娱信可乐也夫人之相与俯仰一世或取诸怀抱悟言一室之内或因寄所托放浪形骸之外虽趣舍万殊静躁不同当其欣于所遇暂得于己快然自足不知老之将至及其所之既倦情随事迁感慨系之矣向之所欣俛仰之间以为陈迹犹不

象形和会意的法则，而且是在更高级的精神层面上让汉字显示出上古的珍贵密码。从此汉字的命运被切割为实用与艺术，同体而异魂的新生命。话虽如此，但新生命并非空穴来风，"添加剂"也只能是催产剂而非胚胎，孕育生命的种子深埋未察。

两晋前的两汉是"汉隶"（包括汉简）的一统天下。"汉隶"原出"金文""小篆"，"行书"所自，岂非"汉隶"？这一点往往为书法史研究忽略了。这里不妨说一说成公绥。

成公绥（231—272）为西晋文学家，字子安，在明人所辑《成公子安集》中，存有《隶书体》一篇。子安好音律，善辞赋，《隶书体》便是用赋的形式写成的。这篇文章的大意是说此前各种书体，唯有隶书繁简适中，规矩有则，用之简易。这是从实用角度说的，精彩的部分，却是关于创作的描述："轻拂徐振，缓按急挑，挽横引纵，左牵右绕，长波郁拂，微势缥渺。工巧难传，善之者少……彤管电流，雨下雹散，点驻折拔，掣挫安按；缤纷络绎，纷华灿烂，氤氲卓荦，一何壮观！"

真是写得有声有色！能有如此生动的描写，可见当时书法已从实用的圈子步向艺术创造之门。"一何壮观"，已不是从实用角度来谈书法了。可惜的是，成公绥的审美理想无法在结体方正的汉隶中充分体现。新生命的孕期尚未饱满，"行书"一出，瓜熟蒂落，婴儿呱呱坠地。

王羲之正是这个历史转换过程里最具代表性的人物。他的"书圣"地位也应该从这个角度来界定，才更本质和更光荣。王羲之楷学钟繇，草学张芝，又临习李斯、曹喜、蔡邕、梁鹄等前人真迹，博采众长而创出一种妍美流变的新体式，使汉魏以来的整饬朴质书风为之一变。王书风度高雅，清远蕴藉，不仅是晋人风神韵致的最高代表，亦千古书坛之不世之尊。

王书代表作当然要数"天下第一行书"《兰亭诗集序》。通观全篇，骨力寓于姿媚，自如蕴藉匠心，是晋人书法遒媚飘逸、萧散自然风韵的扛鼎之出。王氏传世之书还有《快雪时晴帖》《十七帖》《奉橘帖》《丧乱帖》等，皆可用"龙跳天门，虎卧凤阙"来形容。就我个人而言，《上虞帖》乃吾至爱。尤其是末三行"重熙旦便西，与别不可言，不知安所在"，行气的贯顺，点画的抑扬顿挫，意趣的浩茫惆怅，似比"兰亭"有过之而无不及。

余闲谈、讲学时常遇提问："中国书画谁为第一？"或避而不答，或以"文无第一，武无第二"应之。那么，上文所言的"天下行书第一"王羲之和下文将言的"第二""第三"岂不矛盾，又作何解呢？首先，这是以约成应对众论。侧重的还是以时间先后为序的意象言说。大多数中国人的定式思维是喜欢二元比较，优劣判断，其实大可不必。譬如道儒之学，今人视之，价值大小几何呢？老子、孔子谁为天下一人？就他们的学理基础而言，儒家虽一意求恒，"天不变，道亦不变"，但儒学依托的是社会的政治与经济结构。社会的变化导致儒学一变再变，以变应变；而道学超脱于社会经济政治结构之上的自然律令，无需随时因世而变，是以不变应万变。两者同为道统，支撑我中华文明。如果因简单的价值判断而予取予弃，损失的岂不正是我们自身吗？这里且略略提及，以为审美方法论之不二法门。

回到书法。中唐颜真卿不愧为继王羲之之后的又一座巍巍丰碑。颜真卿的书法与其人品，历来为世人所崇敬。欧阳修说："斯人忠义出于天性，故其字画刚劲，独立不袭前迹，挺然奇伟，有似其为人。"（《集古录》）朱长文说："其发于笔翰，则刚毅雄特，体严法备，如忠臣义士，正色立朝，临大节而不可夺也。杨子云以书为心画，于鲁公信矣。……观《中兴颂》，则闳伟发扬，状其功德之盛；观《家庙碑》，则庄重笃实，见夫承家之谨；观《仙坛记》，则秀颖超举，像其志气之妙；观《元次山铭》，则纯涵深厚，见其业履之纯，余皆可以类考。"（《续书断》）。鲁公为人，垂范青史；鲁公为书，天地神韵。人品与学问高度统一，印证了"字如其人"。

我少时知道的"颜大将军"便是这样一个方正刚毅之士。先见到其楷书，尚不知细品"正而不拘，庄而不险，多力丰筋，雄浑饱满"。但已感觉到其行笔方正，如英雄挥刀的气势，并被深深地打动。稍后读到鲁公行书，认识又深入亲切了许多。这里还是让我们一起重温那篇被称为"天下第二行书"的《祭侄文稿》。其实，我们今天见到的"天下第一行书"，都是《兰亭诗集序帖》问世三百年后的"摹本与钩本"，以真迹传世论，现收藏于台北故宫的《祭侄文稿》当可称第一。

乾元元年（758），颜真卿惊悉其侄季明为安禄山叛军杀害的消息，提笔为之起草祭奠文。悲愤激越之中，顾不得章法布局，多处信手涂改，有时墨尽笔枯也来不及及时蘸墨。临文急切，一气呵成的《祭侄文稿》，气势充沛，运笔畅达

定武兰亭序（局部）
纸本
纵 24.5 厘米　横 69.9 厘米
北京故宫博物院藏

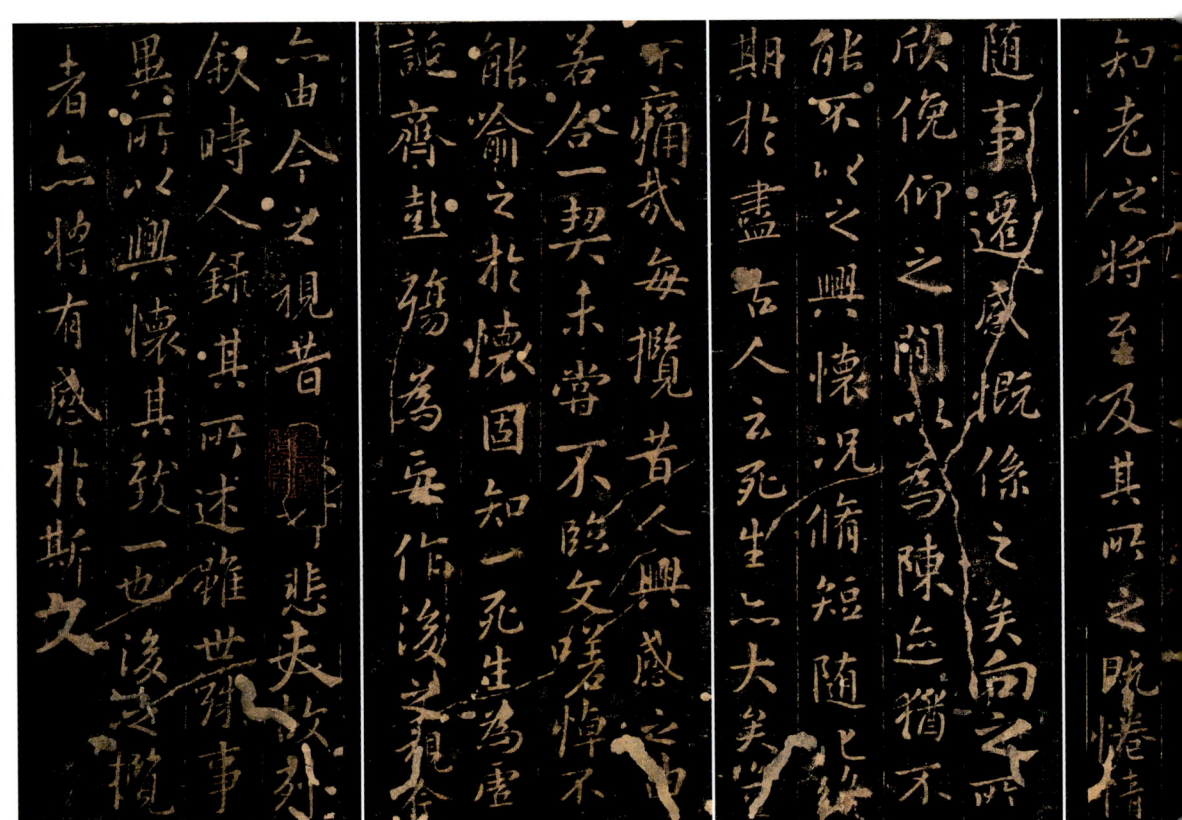

《定武兰亭序》为《兰亭序》帖石刻名。唐太宗喜晋王羲之父子书法，得《兰亭序》真迹，命人临拓，刻于学士院。五代梁时移置汴都，后经战乱而遗失，北宋庆历间发现，置于定州州治。大观中，徽宗命取其石，置于宣和殿。北宋亡，石亦散失不传。定州在宋时属定武军，故称此石刻及其拓本为"定武兰亭"或"定武石刻"。其拓本简称"定本"。一说《〈兰亭序〉帖》原本为唐人所作，非王羲之书。

果断，转折处锋毫变换自然率性，渴笔枯墨大量出现，书法形象极显豪迈、苍凉。宋代陈深跋曰："纵笔豪放，一泻千里，时出遒劲，杂以流丽。或若篆籀，或若镌刻，其妙解处，殆出天造。岂非当公注思为文，而于字画无意于工而反极其工邪！"

"兰亭序"的背景，是南朝文人春和景明，饮酒赋诗之雅集；《祭侄文稿》的背景，则是安史之乱的国恨家仇，血泪泫然。从文本意义上讲，鲁公挥毫时，文不加点、横涂竖抹、干笔飞白、墨泪齐飞的瞬间影像与情感，被完整地记录下来。后人夸赞某一作品时常说"天然去雕饰"。仔细体味，一个"去"字多少还留下了有意为之的痕迹。《祭侄文稿》"墨迹"揭示出的却是艺术之"理、法、技、情、意"

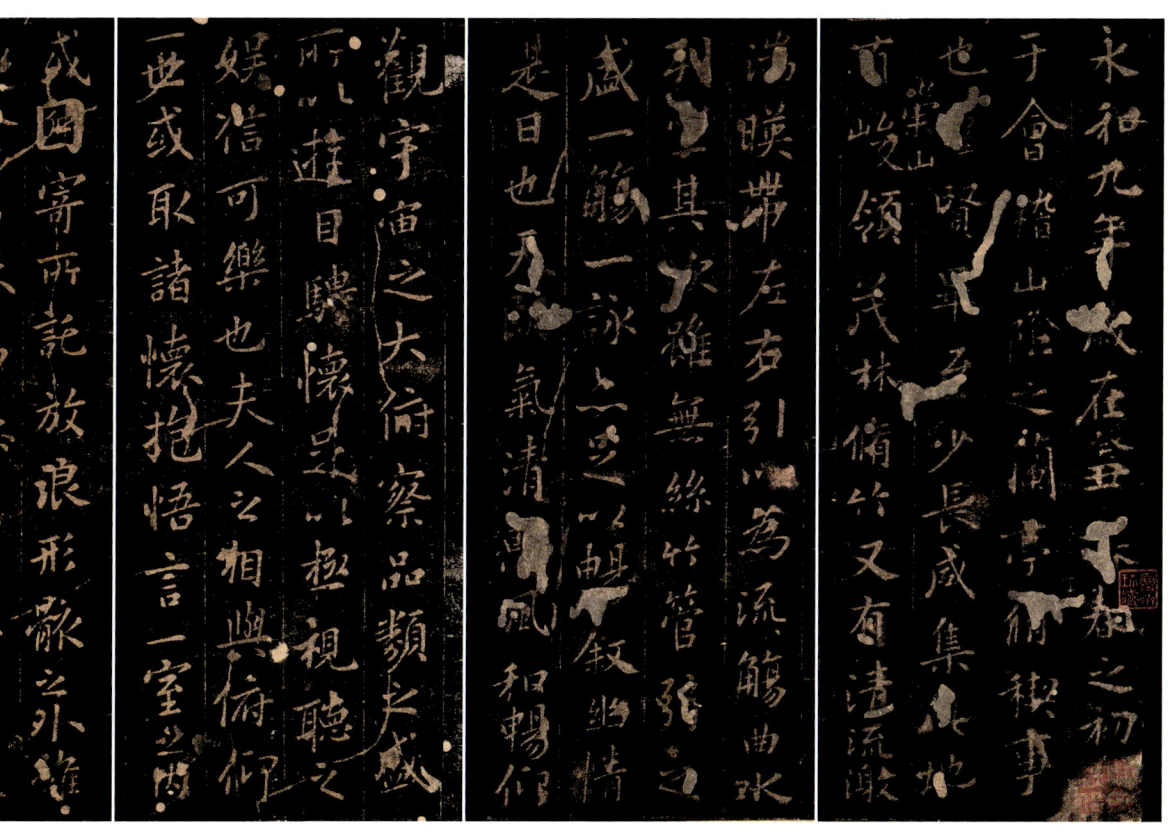

五味浑然天成之美和直抵人心的震撼。理解《祭侄文稿》，让我们跨进了审美殿堂的又一道重门。

下面该说到中国文化史时空里一位"扳道岔"的天才人物了。北宋苏轼不仅是天才，而且是全才。其文，雄视百代；其诗，清新刚健；其词，豪放雄浑；其画，南派之宗；其书，丰肥圆润，浑厚爽朗；其人，意态浓淡，跌宕多姿，一派天真烂漫，旨趣与其书最为契合。苏轼《寒食帖》被称为"天下第三行书"。蒋勋在《书法艺术欣赏》一书中，对此有详尽解读，但欣赏是无限的，讨论可以深入下去。

《寒食帖》写于 1082 年。这一年苏轼 45 岁，经过"乌台诗狱"的诬陷，几经磨难，下放黄州。《念奴娇》《赤壁赋》都写于这一年。这一年，流放的诗人在江边唱出"大江东去，浪淘尽，千古风流人物"。这一年，是苏轼生命低潮的谷底，却是他文学创作的巅峰，当然也是其书法大放光芒的无边岁月。

《寒食帖》是黄州时期苏轼留下的珍贵墨迹，总共两首诗，第一首：

> 自我来黄州，已过三寒食。
> 年年欲惜春，春去不容惜。

苏轼写自己到黄州，已过了三个寒食节，每年这时节都惋惜春天，但是春天不容惋惜，春天还是一样逝去。

> 今年又苦雨，两月秋萧瑟。
> 卧闻海棠花，泥污燕支雪。

两个月不停地下雨，春季却像秋季一样萧瑟荒凉。卧病的诗人，看他乡的海棠，从繁花盛开到萎谢凋零，红如胭脂、白如雪的花瓣，一一坠落污泥。

释文：

得书知问。吾夜来腹痛，不堪见卿，甚恨！想行复来。修龄来经日，今在上虞，月末当去。重熙旦便西，与别不可言。不知安所在。未审时意云何，甚令人耿耿。

帖中提到的"修龄"，是王羲之从弟王胡之的字；"重熙"，是王羲之的妻弟郗昙的字；"安"，是晋太傅谢安。帖中言"不知所在"，可知谢安其时不在上虞。谢安屡举不起，当时在朝士大夫频有烦言，至有"安石不出，将如苍生何"之语。今又不知其所在，故云"未审时意云何"。

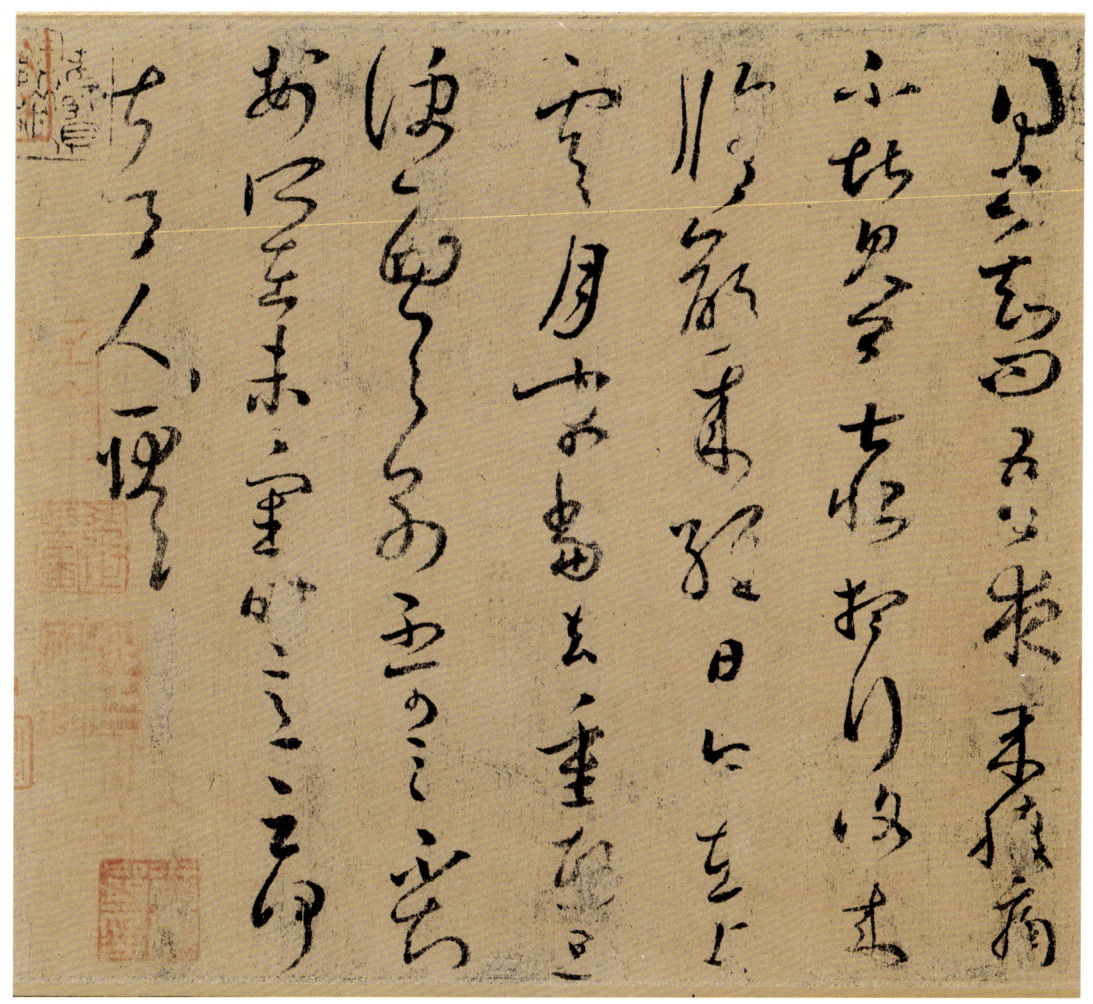

上虞帖
东晋·王羲之
纸本
纵 23.5 厘米 横 26 厘米
上海博物馆藏

蒋文对苏轼黄州流放生涯定下的基调是：惋惜、凋谢、悲情、苦难，是满目疮痍，狼狈惊慌，甚至是肮脏堕落，充满了荒谬之感。是苏轼生命低潮的谷底……对《寒食诗帖》的解读便依此展开：

"此时苏轼笔触颓丧荒苦，'萧瑟'二字是心境的沉重沮丧；到了'卧闻'二字，线条里有多少流放者的自我放弃、自我嘲弄，生命到了这样的境遇，似乎只有苍凉的苦笑了。'卧''闻'两个字像松掉的琴弦，是喑哑荒腔走板的声音。真实之'丑'，逼走了故作姿态的矫情之'美'。苏轼自称其字是'石压蛤蟆'。是调侃嘲弄自己，还是刺讽那时浅薄浮华的世风？辩之阙如。反正'卧''闻'二字正是'石压蛤蟆'，扁平、难看、破烂，然而那难堪、破烂，或许正是诗人亲身经验到的人生，正是诗人要讲述的故事：就像眼前的海棠花，红如胭脂，白如雪，如今却与污泥在一起，不正有'美'堕落在肮脏中的荒谬之感么？"

春江欲入户，雨势来不已。
小屋如渔舟，蒙蒙水云里。

"到了第二首，书法开始奔放。笔墨酣厚，如倾盆大雨，如汹涌波涛，水就要涌进屋里来了。苏轼的笔势倾侧跌宕，颠覆正规法度。'欲''入'两字都如散仙醉僧，步履踉跄，似斜而正，欲倒又起。"

释文：

维乾元元年岁次戊戌九月庚午朔三日壬申，第十三叔、银青光禄大夫、使持节、蒲州诸军事、蒲州刺史、上轻车都尉、丹杨县开国侯真卿，以清酌庶羞，祭于亡侄赠赞善大夫季明之灵口：惟尔挺生，夙标幼德。宗庙瑚琏，阶庭兰玉。每慰人心，方期戬谷。何图逆贼闲衅，称兵犯顺。尔父竭诚，常山作郡。余时受命，亦在平原。仁兄爱我，俾尔传言。尔既归止，爰开土门。土门既开，凶威大蹙。贼臣不救，孤城围逼。父陷子

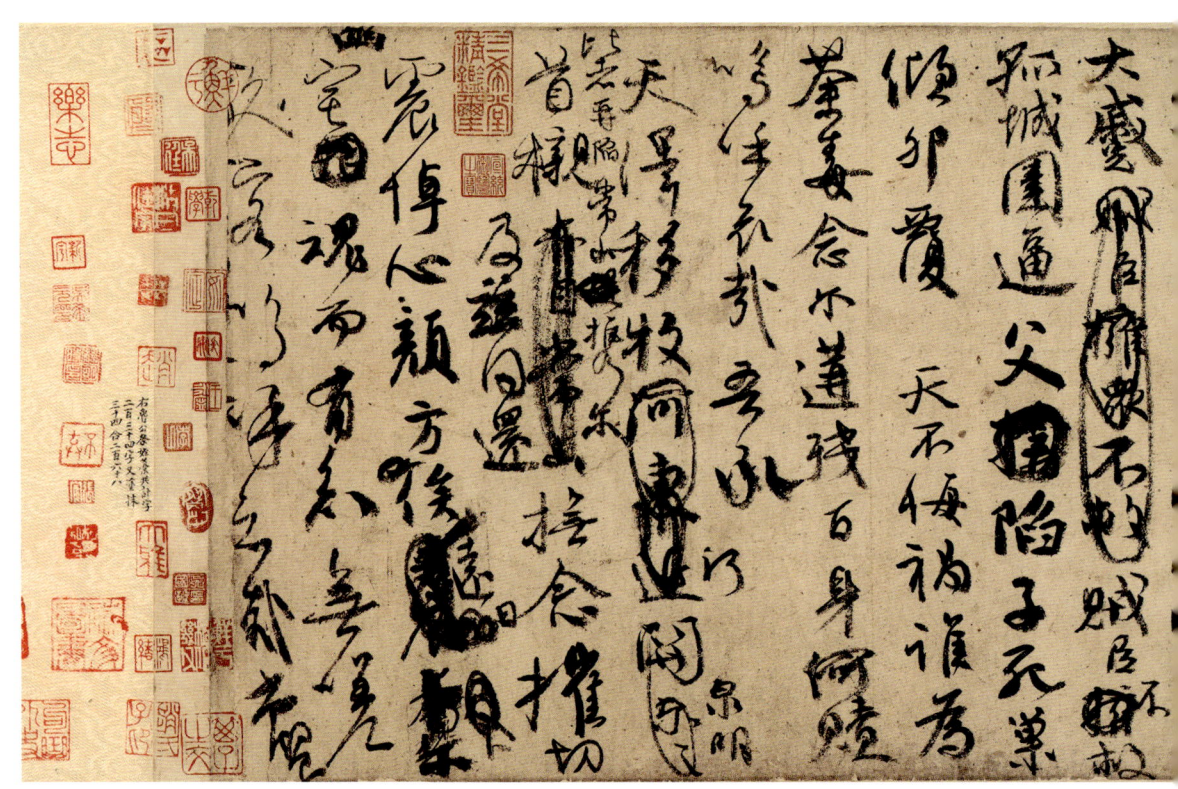

死,巢倾卵覆。天不悔
祸,谁为荼毒?念尔遘
残,百身何赎?呜呼哀
哉!吾承天泽,移牧河
关。泉明比者,再陷常
山。携尔首榇,及兹同
还。抚念摧切,震悼心
颜。方俟远日,卜尔幽
宅。魂而有知,无嗟久
客。呜呼哀哉!尚飨

空庖煮寒菜,破灶烧湿苇。
哪知是寒食,但见乌衔纸。

　　"没想到是寒食节,却看到乌鸦衔着坟间烧剩的纸灰飞过。这是寒食'诗'最动人的句子,也是寒食'帖'惊人的高潮。对比'破灶'与'衔纸',笔锋变化极大。'破灶'用到毛笔笔根,字形压扁变形,拙朴厚重,如交响乐中的低音大鼓,沉重、暗哑、钝涩,有一种破散的荒凉;而'衔纸'二字,全用笔锋,尖锐犀利,如锥画沙,如刀切割,有苏书中不常见的悲愤凄厉,流露了诗人隐忍的委屈和无法诉说的凄凉。'纸'的写法特别,'氏'下加'巾','巾'的最后一笔拉长,如长剑划破虚空,尖锐笔锋直指下面一个小小的、萎缩的'君'字。"

祭侄文稿
唐·颜真卿
纸本
纵28.3厘米 横75.5厘米
台北故宫博物院藏

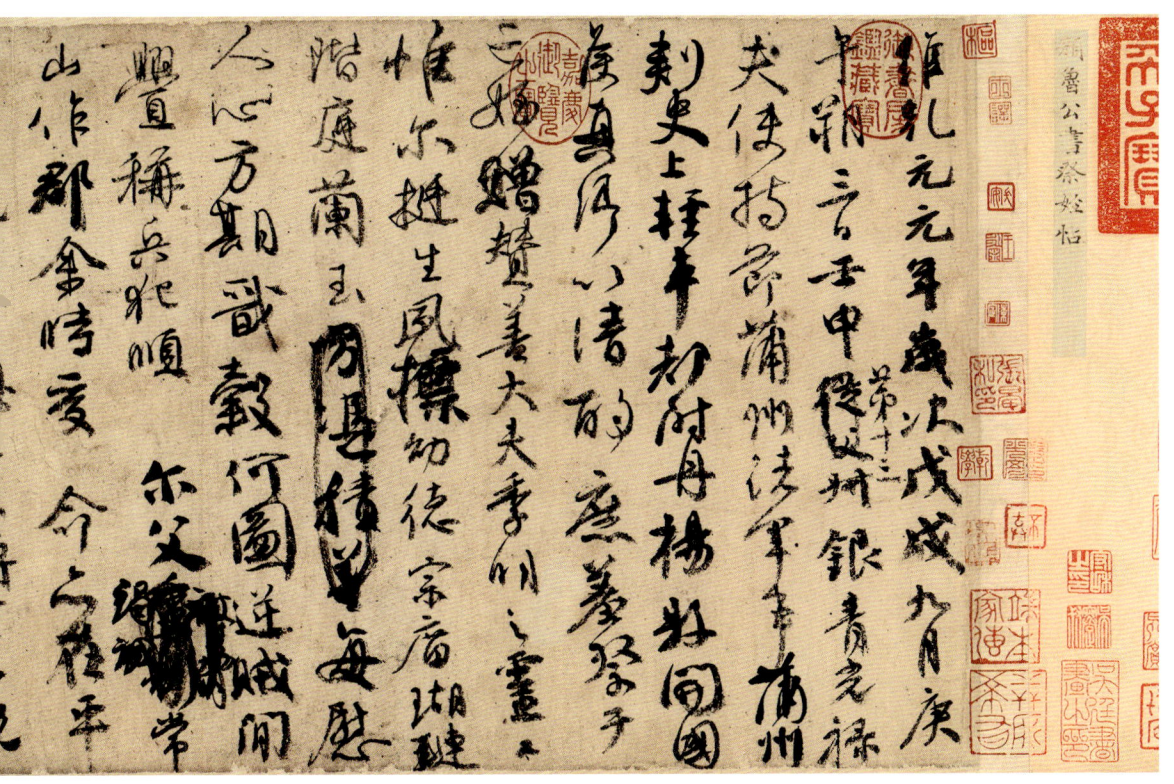

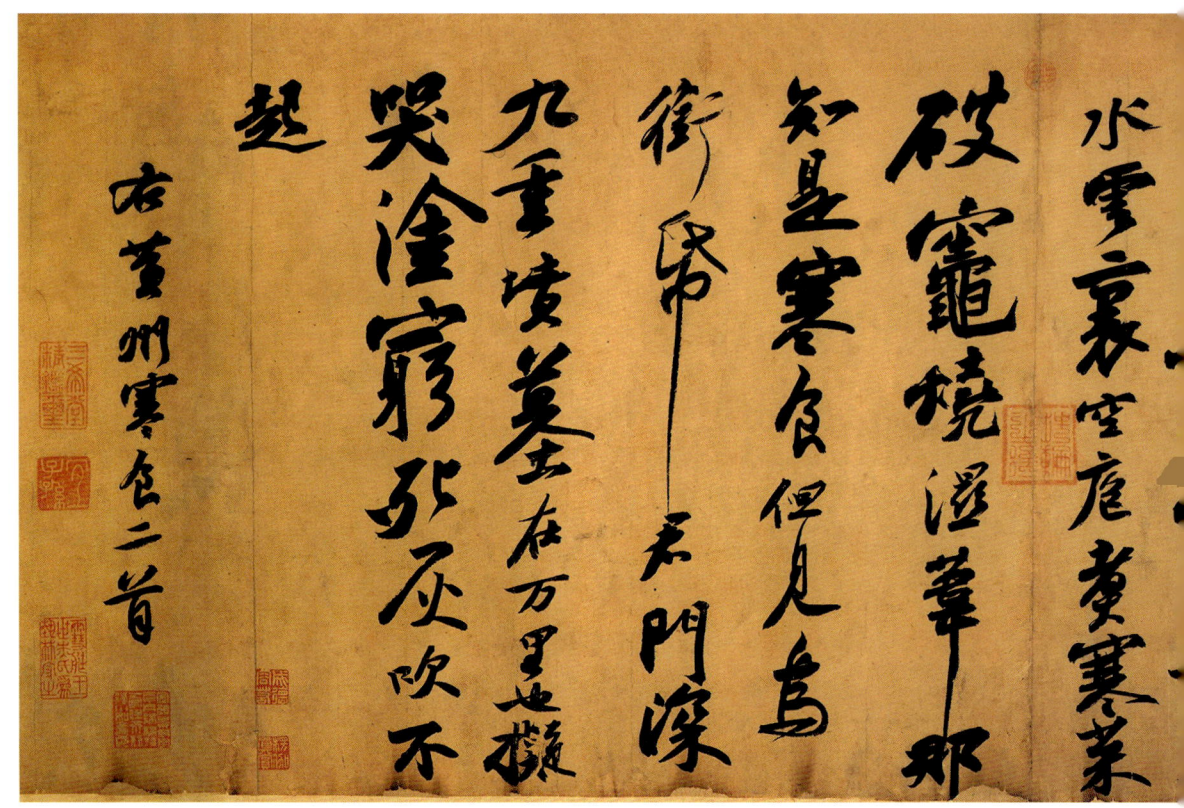

君门深九重,坟墓在万里。
也拟哭途穷,死灰吹不起。

"尽忠无门,尽孝不能。流放江边的诗人四顾茫然,不知何去何从。也想学阮籍穷途大哭,却发现自己已心如死灰,哭笑爱恨都多余了。"

关于这段生活,还是林语堂《苏东坡传》的叙述比较令人信服。苏东坡初到黄州时,是住在定慧寺。小寺院坐落在林木茂密的山坡上,离江边还有一段路。他和僧人一同吃饭,饭后又常在山楂树下散步,不少朋友围绕在他身边。徐太守热诚相待,常以酒宴相邀;朱太守也常送酒食给他。雨天,东坡高卧迟起,漫游于东山之麓,探胜寻幽,岂不快哉!

寒食帖
北宋·苏轼
纸本
纵 28.3 厘米 横 75.5 厘米
台北故宫博物院藏

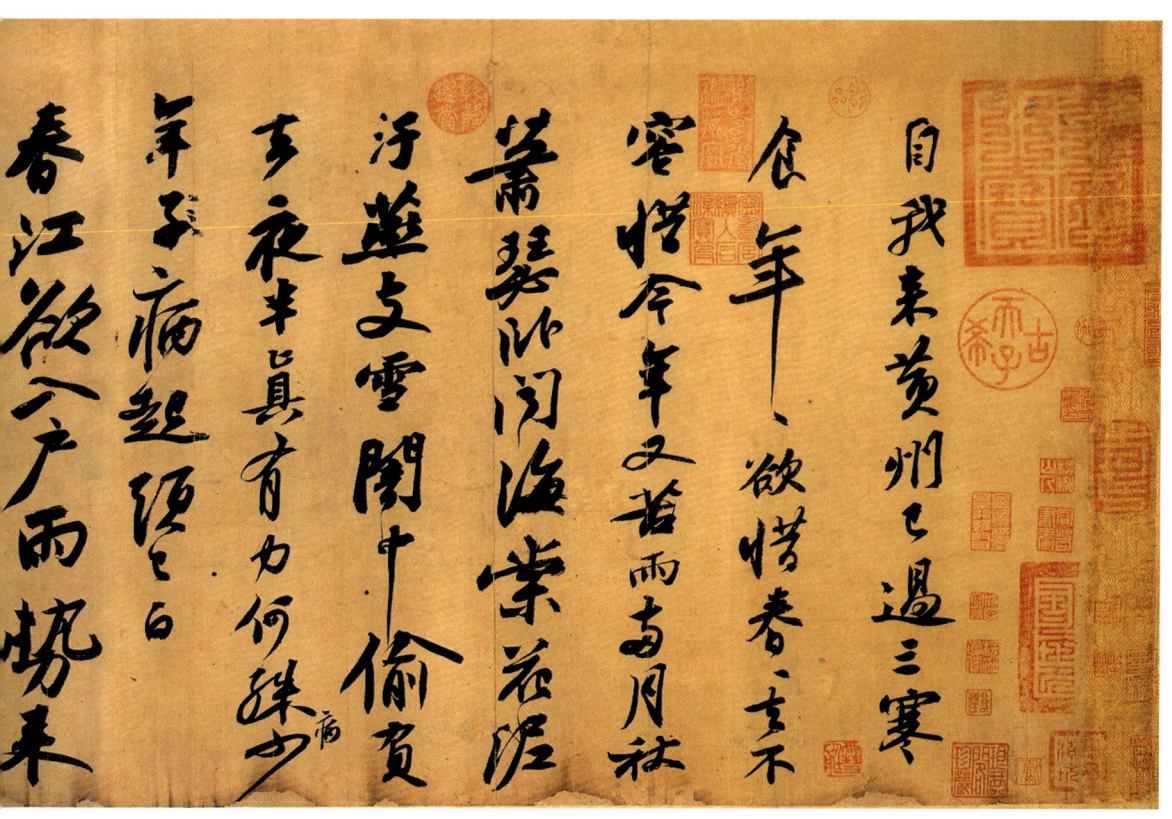

释文：
自我来黄州，已过三寒食。
年年欲惜春，春去不容惜。
今年又苦雨，两月秋萧瑟。
卧闻海棠花，泥污燕支雪。
暗中偷负去，夜半真有力。
何殊少年子，病起须已白。
春江欲入户，雨势来不已。
小屋如渔舟，濛濛水云里。
空庖煮寒菜，破灶烧湿苇。
那知是寒食，但见乌衔纸。
君门深九重，坟墓在万里。
也拟哭途穷，死灰吹不起。
右黄州寒食二首

　　无限的闲暇，美好的风景，敏感的想象，对美酒的迷恋，对月夜的倾心——这些合而为一，使诗人的日子惬意而舒适。

　　一幅书法作品的欣赏，大概不能以一段长达数年的生活基调来定他的底色。书法毕竟是瞬间真性情的流露和宣泄。书风的形成日积月累，岂在旦暮。何况，林语堂关于苏东坡性格特征强调的是，一个悲天悯人的道德家和一个秉性难改的乐天派。如果把书法中每个字的笔画长短、粗细、浓淡、缓急、疏密，都要解读为书家精心的设计和安排，说得终归过了头。必须承认，流放的日子终归是黯然失色的。然而对于超脱如东坡者，黄州的日子既非那样悲怆也非那样轻松。五味杂陈，苦中作乐，才是苏轼黄州生活的面貌与精神的真相。

《寒食诗帖》中有一个"诗眼",即诗人反复咏叹的海棠花。弄清楚苏子之"海棠情结",对理解《寒食诗帖》颇为重要。海棠花本是诗人故乡四川特有的花卉,诗人有一天在定慧禅院东坡上突然发现一株海棠,正如同他乡遇故人!它如何会到了数千里之外的黄州?它幽独盛开,就像自己一样,空有神仙之姿,奈何人多不惜。

很多时候,能够瞬间打动铁汉柔情的就是家乡那一小朵不起眼的小花,或者乡间那久违了的一声鸟鸣。苏东坡这样心思敏锐的诗人更不用说了。题诗吧:

> 江城地瘴蕃草木,只有名花苦幽独。
> 嫣然一笑竹篱间,桃李漫山总粗俗。
> 也知造物有深意,故遣佳人在空谷。
> 自然富贵出天姿,不待金盘荐华屋。
> 朱唇得酒晕生脸,翠袖卷纱红映肉。
> 林深雾暗晓光迟,日暖风轻春睡足。
> 雨中有泪亦凄怆,月下无人更清淑。
> ……

苏轼对素有"花中神仙"美称的海棠钟情已久,早在故乡时,每逢花开时节,他会日赏夜赏,喜不自禁。其《海棠》曰:

> 东风袅袅泛崇光,香雾空蒙月转廊。
> 只恐夜深花睡去,故烧高烛照红妆。

轻雾空蒙,烛影摇红,诗人那寂寞而模糊的背影随花枝颤动,摇摆……现在,我们总算可以明白,《寒食帖》中诗人那文心纠结、情感震颤的溅花之泪了。喜耶悲耶,进耶退耶,逝者如斯,生命如斯。对于"进亦忧,退亦忧"的范仲淹来说,他的理想只能寄望于"后天下之乐而乐"的天下同乐了。而苏轼的智慧与审美，超然与洒脱，却有一种化腐朽为神奇的魔力，他笃信奉行的是"若无心事挂心头，便是人间好时节"。

苏轼说过："诗至于杜子美，文至于韩退之，书至于颜鲁公，画至于吴道子，而古今之变，天下之能事毕矣。"苏轼不说自己，苏轼当然不能说自己，是顾忌什么吗？还仅仅是自谦？没有标准答案。在东坡先生莞尔一笑留下的空白里，我们至少可洞见他那发自心底、尚古尊贤的敬畏之心。这才是人品学问、道德文章之根基，这才是一泓生意汩汩的精神清泉。

此一品格思想，后经元人赵孟頫、明人董其昌等的发微抉要，终于归纳为"尚古意"的审美法则和为人为艺的正大指标。可叹的是清以后种种泥古不化将之引入歧途，以至为近现代一大批社会"革新派"所深恶痛绝，望文生义地将"古"与"新"对立起来。

《尚书·盘庚上》所说的"人惟求旧，器惟求新"，岂非一语成谶，道出了精神与物质、"道"与"器"的本末倒置的可悲境地。以书法论，墨迹即是"器"，蕴含其中的美才是"道"。而真正做到道器合一的天成文章，总是在世不二出的时间与空间中产生，是书家一空依傍的"心话"（特指自文自书自吟自唱）。王之"兰亭"、颜之"祭侄"、苏之"寒食"，无不如此。欲求大道之美，能不追根溯源？

王右军、颜鲁公、苏学士早已作古千年，化身为泥，溶入江海，可《兰亭诗集序帖》《祭侄文稿》《寒食诗帖》还在，一如星月，高悬中天，熠熠生辉地照耀着我们的精神家园。每当与他们悟对静坐，心曲款款的时候，心灵上的黯淡与疲惫，总会为清辉所照亮，让我们又可重见春和景明、逸兴遄飞的欣悦，又可重闻血泪交迸、悲怆愤懑的哽咽，又可重对"卧闻海棠花，泥污燕支雪"……面对这些经典之美在不可重复的一瞬间被收入腕底，在宣纸上刻成永恒，除了感恩，夫复何言？除了敬畏，夫复何求？

一梦可奠百世基

《梦奠帖》（一称《仲尼梦奠帖》），"唐初四家"之一的欧阳询所书。《梦奠帖》在书法界文博界可谓声名赫赫，无人不知，可是出了这个圈子则知者了了。怪哉！当今中国，书风大炽，士农工商无人不爱书法，无界不办书展，但如此重要一帧法帖却一直寂寂无闻,岂非不公！非但不公，实为不智。表面上看起来问题出在界外，充其量也只是传播不力而造成的，然其根源还是应追责到界内。尽管《梦奠帖》现为"国宝中的国宝"，是20世纪中叶国家公布的第一批禁止出境珍稀文物，而对于这件初唐真迹的关注与研究远远不够，致其影响力不仅不如同时代其他法帖，甚至古代书法一些临本摹本的知名度也比《梦奠帖》大许多。现在是到了该结束这一"不平衡不充分不正确"错误的时候了。

赏评《梦奠帖》首先应从真正读懂法帖开始。《梦奠帖》9字一行，共78字：

"仲尼梦奠，七十有二。周王九龄，俱不满百。彭祖资以导养。樊重任性，裁过盈数，终归冥灭。无有得停住者。

释文：

仲尼梦奠，七十有二。周王九龄，俱不满百。彭祖资以导养。樊重任性，裁过盈数，终归冥灭。无有得停住者。未有生而不老，老而不死。形归丘墓，神还所受，痛毒辛酸，何可熟念。善恶报应，如影随形，必不差二。

译文：

孔子梦见自己安坐在殿堂前面的楹柱之间。于是在七十二岁的时候去世。周文王姬昌活到九十多岁，都不够百岁。彭祖修道养生，善控情绪，才过百岁，但是最终也是冥灭。没有能停住的。不曾有生下来然而不老，老而不死的人。人的形体最终要归于丘田与墓地中，向神灵归还所受的恩惠。人生的病毒辛酸，哪里可以总戚戚于怀呢？善恶报应，如影随形，肯定不会差得一分的。

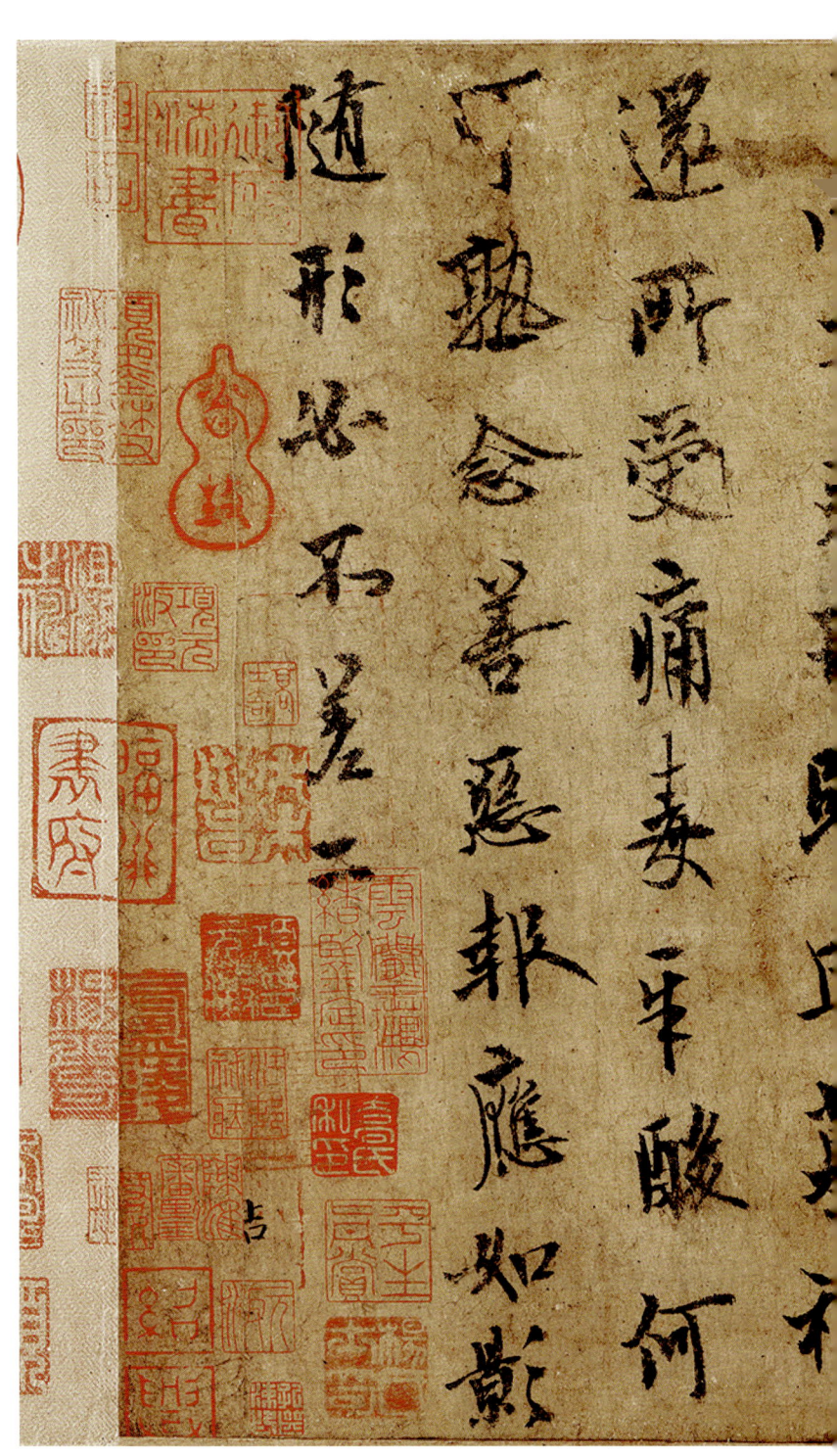

仲尼梦奠帖
唐·欧阳询
纸本
纵 25.5 厘米 横 33.6 厘米

辽宁省博物馆藏

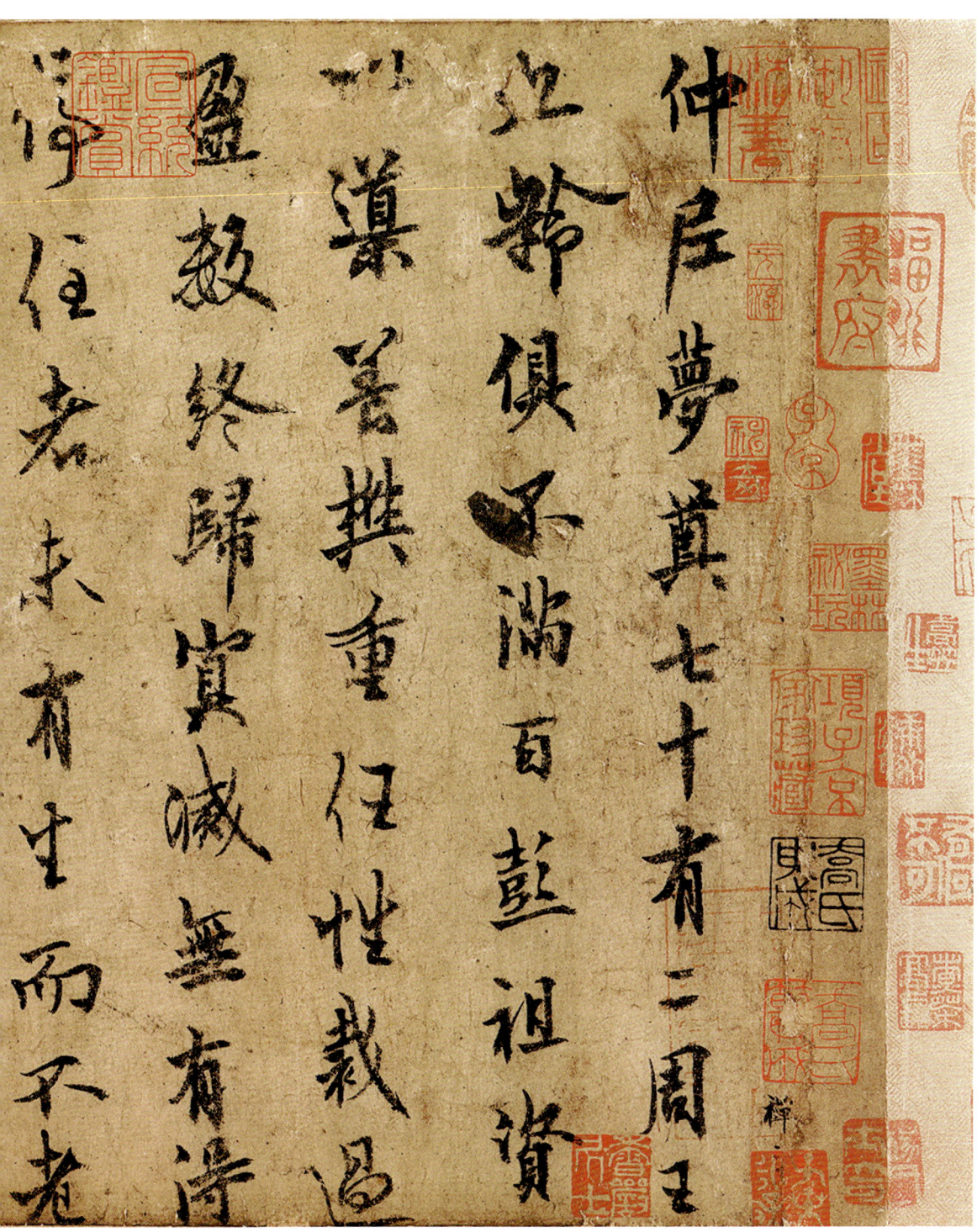

释文：

九成宫醴泉铭，秘书监检校侍中钜鹿郡公，臣魏征奉敕撰。维贞观六年孟夏之月，皇帝避暑乎九成之宫，此则隋之仁寿宫也。冠山抗殿，绝壑为池，跨水架楹，分岩耸阙，高阁周建，长廊四起，栋宇胶葛，台榭参差。仰视则迢递百寻，下临则峥嵘千仞，珠璧交映，金碧相晖，照灼云霞，蔽亏日月。观其移山回涧，穷泰极侈，以人从欲良足深尤。至于炎景流金，无郁蒸之气；微风徐动，有凄清之凉。信安体之佳所，诚养神之胜地，汉之甘泉不能尚也。

皇帝爰在弱冠，经营四方，逮乎立年，抚临亿兆。始以武功壹海内，终以文德怀远人。东越青丘南逾丹徼，皆献琛奉贽，重译来王；西暨轮台，北拒玄阙，并地列州县，人充编户。气淑年和，迩安远肃，群生咸遂，灵贶毕臻。虽藉二仪之功，终资一人之虑。遗身利物，栉风沐雨，百姓为心，忧劳成疾。同尧肌之如腊，甚禹足之胼胝。针石屡加，腠理犹滞。爰居京室，每敝炎暑，群下请建离宫，庶可怡神养性。圣上爱一夫之力，惜十家之产，深闭固拒，未肯俯从，以为隋氏旧宫，营于曩代，弃之则可惜，毁之则重劳，事贵因循，何必改作。于是斫雕为朴，损之又损，去其泰甚，茸其颓坏，杂丹墀以沙砾，间粉壁以涂泥；玉砌接于土阶，茅茨续于琼室。仰观壮丽，可作鉴于既往；俯察卑俭，足垂训于后昆。此所谓"至人无为，大圣不作"，彼竭其力，我享其功者也。

然昔之池沼，咸引谷涧，宫城之内，本乏水源，求而无之，在乎一物，既非人力所致。圣心怀之不忘。粤以四月甲申朔旬有六日己亥，上及中宫，历览台观，闲步西城之阴，跨踌高阁之下，俯

九成宫醴泉铭

唐 · 欧阳询
纸本
高 270 厘米

陕西麟游九成宫藏

未有生而不老，老而不死。形归丘墓，神还所受，痛毒辛酸，何可熟念。善恶报应，如影随形，必不差二。"

文中涉及了孔子（仲尼）、周文王（周王）、彭祖、樊重四个人的故事。将之译成白话：孔子梦见自己安坐在殿堂楹柱之间的时候，正是72岁谢世的征兆；周文王虽然活到90多岁，也不足百岁之寿；彭祖修道养身以图永年；樊重虽有远见，但也难脱一死。（生命如东逝之水）没有能停住。人未有生而不老，老而不死。人的形体终究要归葬于丘田与墓地，人的精神要归还上苍，以感谢所授生命的恩惠。（既如此）人生的病痛艰难，何必戚戚于怀呢？善恶报应，如影随形，肯定不会有一丝一毫差失。

以上帖文中所论四子，仲尼、文王、彭祖都是人们耳熟能详的。唯有樊重，今人也许不太清楚。我们常说的，"十年树木，百年树人"的典故就是由他而来的。樊重，西汉末年人，光武帝刘秀的外祖父。他善于农稼，爱好货殖。性情温和敦厚，做事讲究法度，同时持家有道，乐善好施，人人称颂，被推举为"三老"（西汉的一种政治制度，三老掌教化）。

《齐民要术》里记载了一则樊重有远见的故事。樊重想做器物，他就先种植梓木与漆树。时人嗤之以鼻，以为舍近求远，太迂腐。但几年以后，梓木成才，漆树可取，都派上了用场。那些过去嘲笑他的人反过来向他借器物的时候才明白没有远虑必有近忧，不得不佩服樊重的谋远虑深。这就是"樊重树木"典故的出处。

欧阳询《梦奠帖》中以"四子"故事引申出人生浩叹，与《兰亭序》中"夫人之相与，俯仰一世，或取诸怀抱，悟言一室之内；或因寄所托，放浪形骸之外。虽趣舍万殊，静躁不同，当其欣于所遇，暂得于己，快然自足，曾不知老之将至。及其所之既倦，情随事迁，感慨系之矣。向之所欣，俯仰之间，已为陈迹，犹不能不以之兴怀。

察厥土，微觉有润，因而以杖导之，有泉随而涌出，乃承以石槛，引为一渠。其清若镜，味甘如醴，南注丹霄之右，东流度于双阙，贯穿青琐，萦带紫房，激扬清波，涤荡暇秽。可以导养正性，可以澄莹心神。鉴映群形，润生万物，同湛恩之不竭，将玄泽于常流。匪唯乾象之精，盖亦坤灵之宝。谨案：《礼纬》云：王者刑杀当罪，赏锡当功，得礼之宜，则醴泉出于阙庭。《鹖冠子》曰："圣人之德，上及太清，下及太宁，中及万灵，则醴泉出。"《瑞应图》曰：王者纯和，饮食不贡献，则醴泉出。之令人寿。《东观汉记》曰："光武中元元年，醴泉出京师，饮之者痼疾皆愈。"然则神物之来，实扶明圣；既可蠲兹沉痼，又将延彼遐龄。是以百辟卿士，相趋动色，我后固怀抃挹，推而弗有，虽休勿休，不徒闻于往昔，以祥为惧，实取验于当今。斯乃上帝玄符，天子令德，岂臣之末学所能丕显。但职在记言，属兹书事，不可使国之盛美，缺而不书，故备为之铭，并勒斯典策。敢陈实录，爰勒斯铭。其词曰：唯皇抚运，奄壹（壹）宇，千载庸期，万物斯睹；功高大舜，勤深伯禹。绝后(光)前，登三迈五。握机蹈矩，乃圣乃神。武克祸乱，文怀远人。（书）契未纪，开辟不臣。（冠）冕并袭，琛赟咸陈。大道无名，上德不德，玄功潜运，几深莫测。凿井而饮，耕田而食，靡谢大功，安知帝力。上天之载，无臭无声。万类（资）始，品物流形。随感变质，应德效灵。介焉如响，赫赫明明，杂沓景福，葳蕤繁祉。云氏龙官，龟图凤纪，日含五色，乌呈三趾，颂不辍工，笔（无）停史。上善降祥，上智斯悦，流谦训下，潺湲皎洁，萍旨醴甘，冰凝镜澈，用之日新，挹之无竭。道随时泰，庆与泉流我后夕惕，虽休弗休，居崇茅宇，乐不般游，黄屋非贵，天下为优。人玩其华，我取其实，还淳反本，代文以质，居高思坠，持满戒（溢）；念兹在兹，永保贞吉。兼太子率更令渤海男臣欧阳询奉敕书。

况修短随化,终期于尽。古人云:死生亦大矣。岂不痛哉……"笔意相通,精神衔接。看到了这一点,对我们理解晋风唐韵之间,一脉相承的关系至关重要。

从中国书法的碑版上看去,真正十分成熟的楷书是到唐初才形成而臻极。

若是远追楷书的根源,则由隶而楷,可以追到汉末魏初。若以个别的书家为代表,则钟繇当然是第一人。稍后,有属于三国时孙吴的《衡阳郡太守葛府君碑》也可以说是楷书了。自晋以来直至陈隋,尽管南朝流行简牍禁止刻碑,尽管北方盛行碑榜简牍罕传,但楷行笔法都是一致的。不过由于晋朝王羲之传法以来,帖学一统江山,简牍之风才盛行罢了。这种字形上的南北小异,直到唐初丰碑巨碣的森立,才又与笔法的一致而统一。唐初楷书的碑,无不直传六朝碑版之意,字形严肃而凝重,富于所谓金石气,同时姿态众多,在凝重之中,含有流美飞扬的风韵。这已经是新时代的新面目了。真正的楷书至此才合南北为一体,集古今而大成。这是自王羲之传下隶法以后的最大收获。当然,也因唐朝政治的大一统才有了这样丰硕收获的外部条件。

在中国书法的艺术殿堂中,初唐之"虞、欧、褚、薛"四家,犹如四根顶梁柱,支撑起一代唐书之庙堂气象。

虞世南字伯施,越州余姚人,入唐时年岁已老。他祖父虞检,是梁始兴王咨议;父虞荔,是陈太子中庶子,都有重名。虞世南自幼过继给叔父虞寄为子,故字伯施。他是一个身体很弱,沉静寡欲的人。他和哥哥虞世基自小拜博学的顾野王为师,而他的文章学徐陵,并为徐陵认为入室弟子。但他的行为和乃兄世基相反,世基佞敏圆滑,世南却是一个峭正安贫的人。

虞世南为官时性情刚烈,议论持正。太宗问"天变",他对:"愿陛下勿以功高而自矜,勿以太平久而自骄。"他又一再谏止陵墓的厚葬并不肯奉旨和宫体诗。他又屡

释文:

微臣属书东观,预闻前史。若万知几其神,惟睿作圣,玄妙之境,希夷不测。然则三五迭兴,典坟篇著,神功圣迹,可得言焉。自肇立书契,初分六象,委裘垂拱之风,革夏翦商之业。虽复质文殊致,进让牙同,摩不拜洛观河,膺符受命。名居域中之大,手握天下之图。象雷电以立威刑,法阳春而流惠泽。然后化渐八方,令行四海。未有偃息乡党,栖迟洙泗,不预帝王之录,远迹胥史之传。而德侔覆载,明兼日月。道艺微而复显,礼乐弛而更张。穷理尽性,光前绝后,垂范百王,遗风于万代。猗欤!伟欤!若斯之盛者也!夫子膺五纬之精,踵千年之圣,固天纵以挺质,禀生德而降灵。载诞空桑,自标河海之状;才胜逢掖,克秀尧禹之姿。知微知章,可久可大。为而不宰,合天道于无言;感而遂通,显至仁于藏用。祖述先圣,宪章往哲。夫其道也,固以孕育陶均。苞含造化,岂直席卷八代,并吞九丘而已哉!虽亚圣邻几之智,仰之而弥远;亡吴霸越之辨,谈之而不及。于时天历浸微,地维将绝,周室大坏,鲁道日衰,永叹时艰,实思濡足。遂乃降迹中都,俯临司寇。道超三代,止乎季孟之间;羞论五伯,终从大夫之后。固知栖遑弗已,志在于求仁;危逊从时,义存于拯溺。方且重反淳风,一匡末运。是以载赘以适诸侯,怀宝而游列国。
玄览不极,应物如响,辩飞龟於石函,验集隼于金楱。触舟既晓,专车能对。识罔象之在川,明商羊之兴雨。知来藏往,一以贯之。但否泰有期,达人所以知命;卷

舒唯道，明哲所以周身。牖里幽忧，方显姬文之德；夏台羁绁，弗累商王之武。陈蔡为幸，斯之谓欤。于是自卫反鲁，删书定乐，赞易道以测精微，修春秋以正褒贬。故能使紫微降光，丹书表瑞，济济焉！洋洋焉！充宇宙而洽幽明，动风云而润江海。斯皆纪乎竹素，悬诸日月。既而仁兽非时，鸣鸟弗至，哲人云逝，峻岳已隤。尚使泗水却流，波澜不息，鲁堂余响，丝竹犹传。非夫体道穷神，至灵知化，其孰能与於此乎？自时厥后，遗芳无绝。法被区中，道济天下。反金册斯误，玉弩载惊。孔教已焚，秦宗亦坠。汉之元始，永言前烈，褒成爰建，用光祀典。魏之黄初，式遵故训，宗圣疏爵，允缉旧章，金行水德，亦存斯义。而晦明匪一，屯亨递有。箧莒蘋蘩，与时升降，灵宇虚庙，随道废兴。精炎失御，蜂飞蝟起，羽檄交驰，经籍道息。屋壁无藏书之所，阶基绝函丈之容。五礼六乐，剗焉煨烬。重宏至教，允属圣期。大唐运膺九五，基超七百。赫矣王猷，蒸哉景命，鸿名盛烈，无得称焉。皇帝钦明睿哲，参天两地。乃圣乃神，允文允武。经纶云始，时维龙战。爰整戎衣，用扶兴业。神谋不测，妙算无遗。宏济艰难，平壹区宇。纳苍生于仁寿，致君道于尧舜。职兼三相，位总

孔子庙堂碑
唐 · 虞世南
纸本
高 280 厘米
北京故宫博物院藏

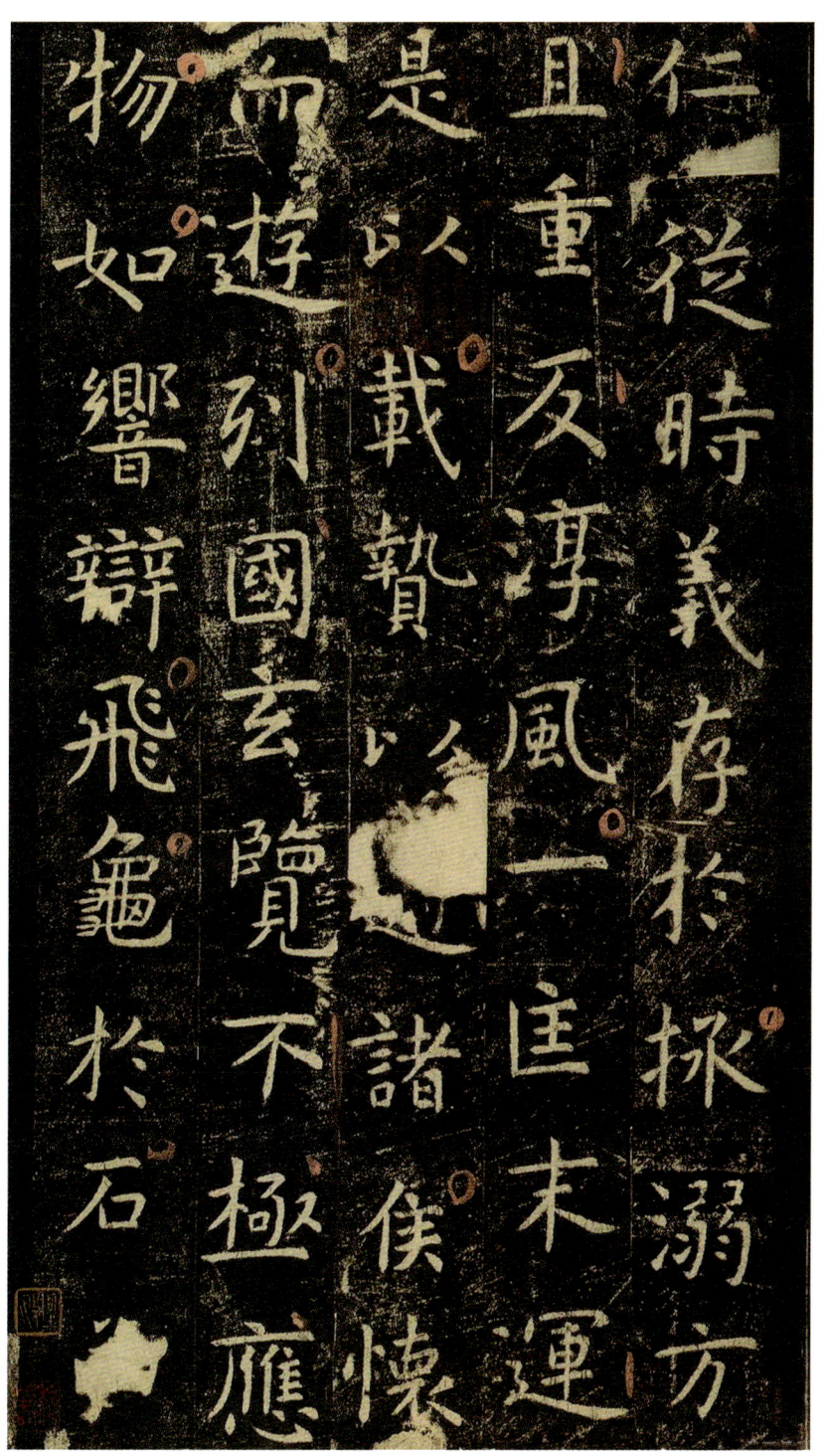

谏太宗好猎。太宗从善如流，不认为忤逆，反称赞他五绝："一曰德行，二曰忠直，三曰博学，四曰文词，五曰书翰。"可见书法对于虞世南只是一种自娱娱人的末技而已。顺便说一句，古来大书家非大学问家大教育家大政治家大军事家大宗教家大诗人莫属。清以后出现了卖字为生的"写字匠"，虽不敢轻言他们的人品学问，但他们书法中毕竟少了一点灵魂，纵然手上功夫了得也难成大器。至于今世一些以书沽名钓誉以谋私者则更不在话下。

欧阳询字信本，潭州临湘人。他也是一位由陈入唐的前辈书家。祖父是陈大司空欧阳頠，父亲欧阳纥是陈广州刺史。后欧阳纥以"谋反"诛，当时尚书令江总和欧阳纥是好友，就将欧阳询私下收养教育成人。欧阳询相貌很丑但读书极聪明，"博览经籍，尤精三史"。隋时，官太常博士。唐高祖微时和他是朋友。因此高祖即位后，他就作了"给事中"的大官了。他与裴矩、陈叔达共撰《艺文类聚》一百卷。太宗贞观初，历太子率更令、弘文馆学士，封渤海男，贞观十五年卒，年八十五。

褚遂良字登善，杭州钱塘人，他的父亲是在唐太宗文学馆中与虞世南同时为学士的褚亮。因此，虞欧都是他父亲的朋友。褚遂良在唐初书家中年辈较晚，他工于隶书，尤为欧阳询所重。唐太宗有一次对魏征说：自从虞世南死后，就没有谈书法的人了。魏征即保荐遂良："下笔遒劲，甚得王逸少体"。太宗即召褚遂良侍书，并将所有购求来的右军墨迹叫他鉴别真伪，褚法眼如炬，立判真伪优劣，一无舛误。因此，他虽是一个以书法受知于唐太宗的人，然而他又不仅仅是一位卓越的书家。他和长孙无忌同为太宗顾命大臣，在初唐的政治舞台上也曾呼风唤雨，大展拳脚，此不多述。

薛稷字嗣通，蒲州汾阴人。他是著名文家学薛道衡的曾孙。外祖父就是唐太宗时的名臣魏征。薛稷的文辞书画，均极精丽。唐睿宗在藩邸时就和他要好，结为亲

六戎。玄珪乘石之尊，朱户渠门之锡。礼优往代，事逾恒典。於是在三眷命，吹万归仁，克隆帝道，丕承鸿业。明玉镜以式九围，席萝图而御六辩。黉奉上玄，肃恭清庙。宵衣旰食，视膳之礼无方；一日万机，问安之诚弥笃。孝治要道，於斯为大。故能使地平天成，风淳俗厚。日月所照，无思不服。惊彼獯戎，为患古今。周道再兴，仅得中算；汉图方远，才闻下策。徒勤六月之战，侵轶无厌；空尽贰师之兵，凭凌滋甚。皇威所被，犁兴普纳，空山尽漠，归命阙廷。充仞藁街，填委外厩。开辟已来，未之有也。灵台偃伯，玉关虚候。江海无波，烽燧息警。非烟浮汉，荣光莫河。楛矢东归，白环西入。犹且兢怀夕惕，驭朽纳隍。卑宫菲食，轻徭薄赋；斲雕反朴，抵璧藏金；革舃垂风，绨衣表化。历选列辟，旁求遂古。克已思治，曾何等级，於是眇属圣谟，凝心大道。以为括羽成器，必在胶痒。道德润身，皆资学校。翱乃入神妙义，析理微言。厉以四科，明其七教。懿德高风，垂裕斯远。而栋宇弗修，宗祧莫嗣，用纡听览，爰发纶绋。武德九年十二月二十九日有诏，立隋故绍圣侯孔嗣哲子德伦为褒圣侯。乃命经营，惟新旧址。万雉斯建，百堵皆兴。揆日占星，式规大壮。凤甍骞其特起，龙桷俨以临空。霞入绮寮，日晖月槛。窅窅崇严，悠悠虚白。模型写状，妙绝人功。象设已陈，肃焉如在。握文履度，复见仪形。凤跱龙蹲，犹临咫尺。呪尔微笑，若听武城之弦；怡然动色，似闻箫韶之响。襜襜盛服，既睹仲由；侃侃礼容，仍观卫赐。不疾而速，神其何远。至於

仲春令序，时和景淑。皎絜璧池，圆流若镜，青葱槐市，总翠成帷。清涤玄酒，致敬於兹日；合舞释菜，无绝於终古。皇上以几览馀暇，遍该群籍，乃制《金镜述》一篇，永垂鉴戒。极圣人之用心，宏大训之微旨。妙道天文，焕乎毕备。副君膺上嗣之尊，体元良之德。降情儒术，游心经艺。楚诗盛於六义，沛易明於九师。多士伏膺，名儒接武。四海之内，靡然成俗。怀经鼓箧，摄齋趋奥。并镜云披，俱餐泉涌。素丝既染，白玉已雕。资覆匮以成山，导涓流而为海。大矣哉！然後知达学之为贵，而弘道之由人也。国子祭酒杨师道等，偃玄风於圣世，闻至道於先师。仰彼高山，愿宣盛德。昔者楚国先贤，尚传风范；荆州文学，犹镌哥颂。况帝京赤县之中，天街黄道之侧，聿兴壮观，用崇明祀。宣文教於六学，阐皇风於千载。安可不赞述徽猷，被之雕篆。乃抗表陈奏，请勒贞碑。爰命庸虚，式扬茂实。敢陈舞咏，乃作铭云：
景纬垂象，川岳成形。挺生圣德，实禀英灵。神凝气秀，月角洙庭。探赜索隐，穷几洞冥。述作爰备，丘坟咸纪。表正十伦，章明四始。系繫羲易，书因鲁史。懿此素王，邈焉高轨。三川削弱，六国从衡。鹖首兵利，龙文鼎轻。天垂伏鳖，海跃长鲸。解韍去佩，书烬儒坑。篡尧中叶，追尊大圣。乃建褒成，膺兹显命。当涂创业，亦崇师敬。胙土锡圭，礼容斯盛。有晋崩离，维倾柱折。礼亡学废，风颓雅缺。戎夏交驰，星分地裂。蘋藻莫奠，山河已绝。隋风不竞，龟玉沦亡。榑俎弗习，干戈载扬。露沾阙里，麦秀邹乡……

家。睿宗即位他有翊赞大功。因此被召入宫决事，"恩绝群臣"。薛稷官至黄门侍郎参加机务，又迁为左散骑常侍、太子少保、礼部尚书，地位非同寻常。但他喜与人争权，常常和钟绍京、崔日用斗心机。后来又因太平公主、窦怀贞谋逆案，被赐死于万年狱中。人们对薛稷官声大多腹议非非，但对他的诗文书画却称颂有加。杜甫就有"少保有古风，得之《陕郊篇》"句咏赞他。《陕郊篇》就是指薛稷的名诗《秋日还京陕西十里作》：

驱车越陕郊，北顾临大河。
隔河望乡邑，秋风水增波。
西登咸阳途，日暮忧思多。
傅岩既纡郁，首山亦嵯峨。
操筑无昔老，采薇有遗歌。
客游节回换，人生知几何？

以书法说来，虞欧褚三家都是自立规模自开境界的大家，薛稷则为褚遂良的忠实继承者。由于他工隶书，锐精摹仿虞褚真迹，所以他虽不能与先贤并峙称雄，却也是一位好学生。

初唐诸家中的成就在《唐书》中都有详论。唯欧阳询的书法，在《唐书》本传中说得最减损最扼要。本传说"询初效王羲之书，后险劲过之，因自名其体。尺牍所传人以为法"。"险劲"二字说尽了欧书的特色。但越是险劲的字，越是从平稳中来。写字也好比建筑工程，越是危险的工程，基础越要建筑得平实坚固，使其每一重点，都在力的重心之中。欧书的险劲，原是从极强的笔力和极平实稳固的结构中来的。试细看他传世的碑版，如《化度寺》《虞恭公碑》《九成宫醴泉铭》《皇甫君碑》皆是极紧密极坚固的风格，一笔一画凝重森挺，而又互相勾连揖让。从极森严的规矩中放出来，自非险劲不可。本传中所言"尺牍所传人以为法"八字很重要，因为这正说明了所谓险劲出人意表的字，正是从碑版正书中放肆出来的尺牍体。而在欧阳询流传后世的真迹中，如《梦奠》《卜商》《张翰》等法帖也正证明了这一点。

欧阳询以《梦奠帖》抒发"生老无常，善恶有报"之感慨，虽忧伤无奈，但正气凛然，不无积极意义。说到欧书的艺术特色，历史上也不乏知言者。

姜夔《续书谱》云："欧阳率更、颜平原辈以真为草，李邕、西台辈以行为真。"从用笔看，欧公此帖楷法痕迹明显，帖中"仲""梦"等字恰如真书。

米芾评欧"庄若对越，俊如跳掷（《海岳题跋》）"，即是说其书"静者如对至尊，动者又跳荡飞跃"。观帖中字，转折随意，结体方正而笔势圆融，用墨淡而有质感，丝毫无油滑之态。

包世臣《艺舟双楫》评：从章法看，《梦奠帖》"宪章右军，抽锋一线，如猿腾鹘落而泯上下相承之迹"。

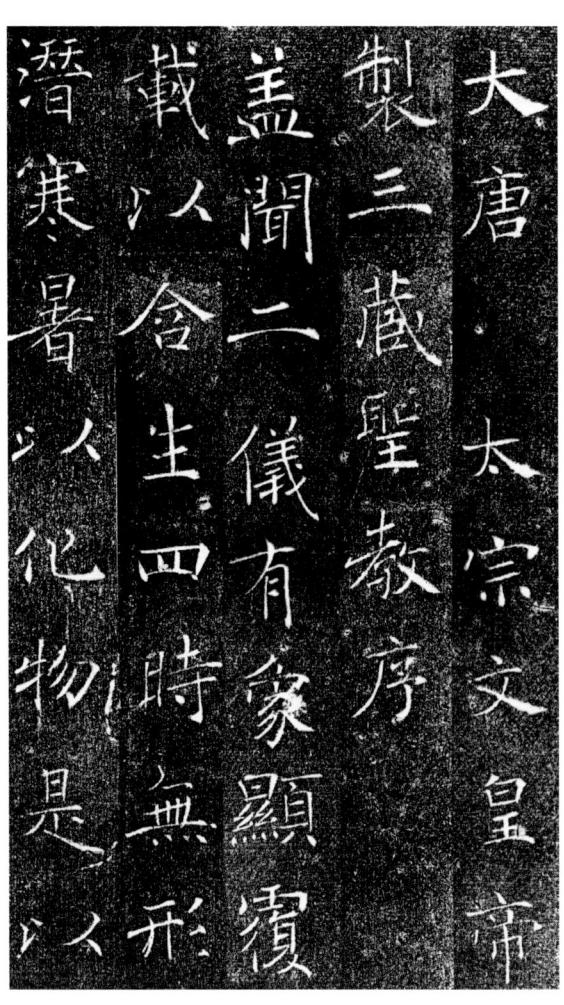

《大唐三藏圣教序》简称《圣教序》，由唐太宗撰写。最早由唐初四大书法家之一的褚遂良所书，称为《雁塔圣教序》。后由沙门怀仁从王羲之书法中集字，刻制成碑文，称《唐集右军圣教序并记》，或《怀仁集王羲之书圣教序》，因碑首横刻有七尊佛像，又名《七佛圣教序》。集王圣教序碑刻立于唐咸亨三年（672），碑通高350，宽108，厚28厘米。碑文30行，行83至88字不等。

大唐三藏圣教序
唐·褚遂良
碑刻
高350厘米
北京故宫博物院藏

信行禅师碑 唐·薛稷

项穆《书法雅言》云:"信本亦拟右军,易方为长,险劲瘦硬,崛起削成,若观行草,复太猛峭矣"。

这些评论要言不烦,虽然精当,但终未点透欧书"人书合一"的精神本质。

《梦奠帖》上承"王"书、下射"米"字。我们不仅欣赏其点划流美、结体森列的书艺风格,更应留意其人与书、神与体、品与技的内在联系。《梦奠帖》这一"梦"正是从根基上昭示着中国书法精神的正大气象,并且奠定了"书艺通大道"的学统基石。

书虽小道,品格最尊,中华绝技,源远根深。从仲尼梦到率更梦到大唐梦到中国梦,此梦绝非虚妄,而是薪火递传、精神构建、一脉相承的文化轴线,是中华文明从远古走向未来的一段清晰轨迹。

今人学书尤当深刻理解这一点。否则只能是舍本求末,终不得入庙堂大门。

风雅"中兴颂" 徘徊"幸蜀图"

《诗经》是我国第一部诗歌总集,内容分风、雅、颂三个部分。颂是宗庙祭祀的舞曲歌辞,内容多涉对祖先功业的赞美。由于中国文学批评一直尊奉的是"国家不幸诗人幸""文穷而后工"的品评标准,所以针砭史实、痛陈悲愤的文章总会被高看一眼。而那些歌功颂德的文赋,纵使文采斐然,诗思饱满,也会有拍马屁之嫌,往往被视为次一等。

《诗经》中"三颂不如二雅,二雅不如十五国风"的定评一直被奉为铁律,影响了后世人的文艺观。不过,凡事总有例外。大唐中期诗人元结撰写的《中兴颂》因颂当所颂,直抒胸臆,遂成传颂百代之名篇。

《浯溪志》作者桂多荪将前人对《中兴颂》的评价总结为四点:一是颂词高简古朴,得雅正之遗;二是义正词严,忠肝义胆,接左氏宗绪;三是金石之音,星斗之文,云烟之字;四是雄文稀世,乃诗人得意之作。《中兴颂》凡263字,将"安史之乱"的前情后状,国家由乱而治的无限感慨抒写得淋漓尽致。上元二年(761)的秋风八月,亲历战乱并曾

经领军平叛的元结乘兴写下了这篇颂文:

天宝十四年,安禄山陷洛阳。明年,陷长安。天子幸蜀,太子即位于灵武。明年,皇帝移军凤翔,其年复两京,上皇还京师。于戏!前代帝王有盛德大业者,必见于歌颂。若今歌颂大业,刻之金石,非老于文学,其谁宜为?颂曰:噫嘻前朝,孽臣奸骄,为昏为妖。边将骋兵,毒乱国经,群生失宁。大驾南巡,百僚窜身,奉贼称臣。天将昌唐,繄睨我皇,匹马北方。独立一呼,千麾万旟,戎卒前驱。我师其东,储皇抚戎,荡攘群凶。复复指期,曾不逾时,有国无之。事有至难,宗庙再安,二圣重欢。地辟天开,蠲除妖灾,瑞庆大来。凶徒逆俦,涵濡天休,死生堪羞。功劳位尊,忠烈名存,泽流子孙。盛德之兴,山高日升,万福是膺。能令大君,声容沄沄,不在斯文。湘江东西,中直浯溪,石崖天齐。可磨可镌,刊此颂焉,何千万年。

"地辟天开,蠲除妖灾,瑞庆大来",欢欣鼓舞之情,发端于诗人一私胸怀,和合于万民同庆襟袍,能不感天动地!

然而,真正能使《中兴颂》千载诵读、不绝如缕的推助力,当属颜真卿书丹的同名摩崖石刻。

写完《中兴颂》十年后,元结居母丧隐居湖南浯溪期间,大历六年(771)完成了将颜书摩崖刻石的夙愿。文前署名作"金紫光禄大夫前行抚州刺史上柱国鲁郡开国公",据此可知颜鲁公书碑在江西抚州刺史卸任后不久。当时颜真卿63岁,文中内容对于有着同样经历的颜鲁公来说历历在目,所颂也如自撰。诗人元结和书家鲁公同声相应,同气相求。雄文入人书俱老之笔,劲字刻苍翠掩映之石。《中兴颂》谋篇布局紧松适度,真力弥满,字实撑格向外拓展,朴茂古雅,气势恢宏,字里行间如闻金戈铁马之声。宋欧阳修赞之:"书字尤奇伟,而文辞古雅。"明王世贞亦云:"字画方正平稳,不露筋骨,已达炉火纯青境地,当是鲁公法书第一。"

文以字传,字以文播,二艺合璧,又勒石于景象清绝的浯溪岸边,乃成"三绝碑"。自北宋仁宗皇佑年间开始,

《大唐中兴颂》是颜真卿书法进入成熟时期的代表作,达到了炉火纯青的境地。全篇布局十分紧密,真力弥满,字实撑格,给人一种向外的膨胀感,充实茂朴,气势恢弘,字里行间有金戈铁马之气,拳拳报国之志,并映射着时代的进取精神。明代王世贞云:字画方正平稳,不露筋骨,当是鲁公法书第一。

大唐中兴颂
唐·颜真卿
清拓
纵416.6厘米 横422.3厘米

苏士澍题

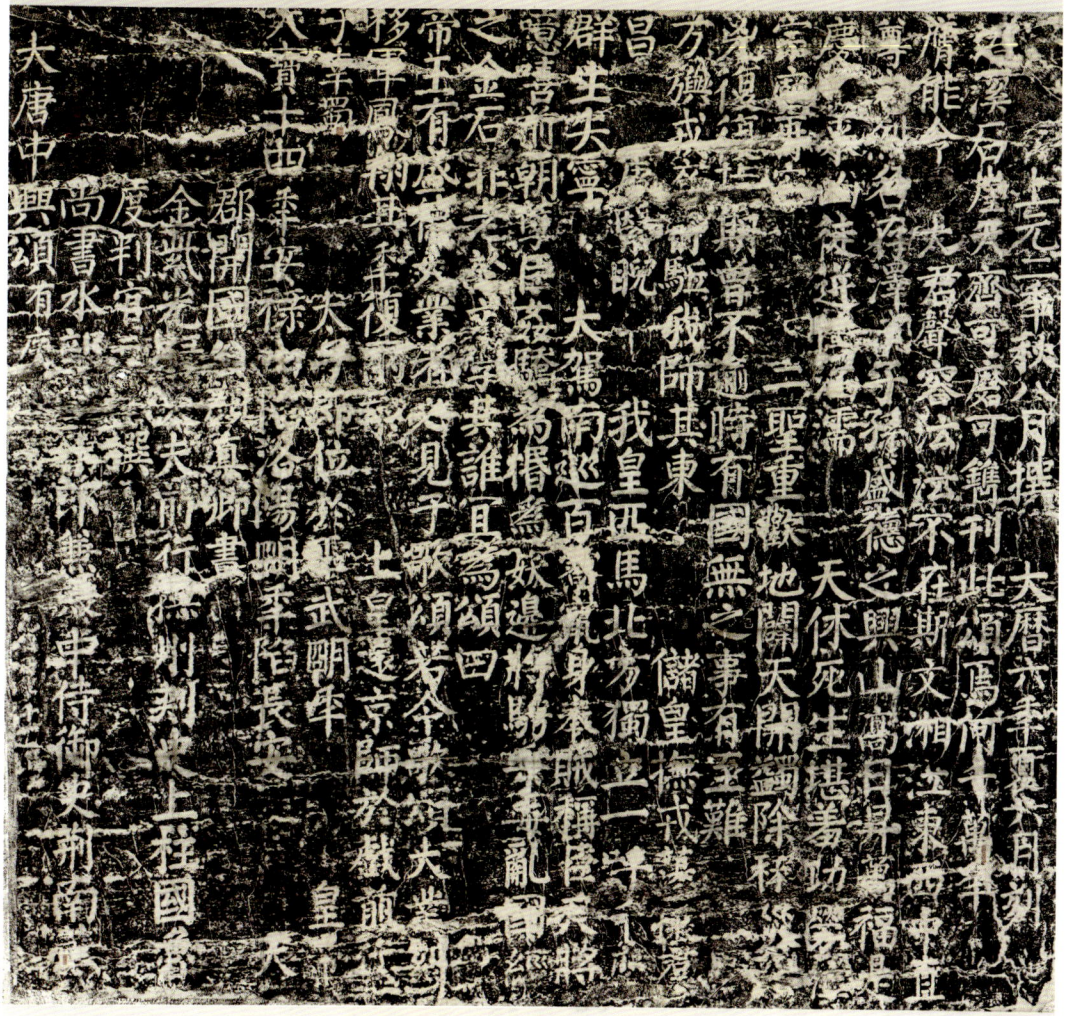

《大唐中兴颂》释文：

天宝十四年，安禄山陷洛阳。明年，陷长安。天子幸蜀，太子即位于灵武。明年，皇帝移军凤翔。其年复两京，上皇还京师。于戏！前代帝王有盛德大业者，必见于歌颂。若今歌颂大业，刻之金石，非老于文学，其谁宜为？颂曰：噫嘻前朝，孽臣奸骄，为昏为妖。边将骋兵，毒乱国经，群生失宁。大驾南巡，百僚窜身，奉贼称臣。天将昌唐，繄睨我皇，匹马北方。独立一呼，千麾万旗，戎卒前驱。我师其东，储皇抚戎，荡攘群凶。复复指期，曾不逾时，有国无之。事有至难，宗庙再安，二圣重欢。地辟天开，蠲除妖灾，瑞庆大来。凶徒逆俦，涵濡天休，死生堪羞。功劳位尊，忠烈名存，泽流子孙。盛德之兴，山高日升，万福是膺。能令大君，声容沄沄，不在斯文。湘江东西，中直浯溪，石崖天齐。可磨可镌，刊此颂焉，何千万年！上元二年秋八月撰，大历六年夏六月刻。

大唐中兴颂（局部）

译文：

天宝十四年，安禄山攻破洛阳。第二年，攻下长安，皇上到了四川，太子在灵武登上皇位。第二年，皇帝移军到凤翔。这一年，收复东京和西京。上皇回到京城。唉！前代帝王有盛德和大功的，一定受到歌颂。像现在要歌颂复兴大业，把它镌刻在碑石上，不是富有写文章经验的，还有谁适合写呢？颂词说：既叹上个皇朝，奸臣刁诈骄傲（或译为"孽臣淫乱骄傲"）糊里糊涂乱搞。边疆挑起战争，破坏治国纲领，百姓不得安宁。皇上慌忙南巡，百官四处窜身，有的奉贼称臣。老天昌盛大唐，因而启示我皇，匹马跑向北方。挺身大喊一声，千军万马响应，兵卒奋勇前行。我军出征向东，太子亲身从戎，扫荡各处凶凶。收复失地计期，从来没有逾时，有国无此业绩。情势的确很难，皇朝再次平安，两皇再现欢颜。真是地辟天开，清除妖孽祸灾，祥瑞喜庆都来。那些叛贼凶徒，承受上天赐福，死活都带耻辱。建功立业位尊忠烈英名长存者，恩泽扩遍及子孙。盛德如此兴旺，有如山高日上，得福必然宽广。能够扩大君威，远远传播声名，就得依靠此文。湘水奔流东西，中流正是浯溪，石崖天然整齐。其上可磨可镜，刻上颂文一篇，可以流传万年！

就在碑前建"三绝堂"，游人可拾级攀登，把酒临风，其悠悠然哉！2019年春，日本人举办"颜真卿大展"时加了一个"超越王羲之名笔"的副题。这显然是想巧借"书圣"的影响力为大展造势，用王羲之为颜鲁公"抬轿子"，亏了日本人能想出这样的"馊主意"！一时疑问重重，必然会引出如何为颜真卿收名定价，如何品评其历史地位的有趣讨论。

理论上真的要为王右军、颜鲁公区分伯仲，当然又是一场"关公战秦琼"的笑话。晋唐隔代，没有可比性。但讨论两人的渊源关系和书风得失，倒是书法史上千年不易之话题。

近世有研究者指出，王羲之的"天下第一帖"《兰亭诗集序》是为了掩饰其"右军"的政治意图和兵家谋略（详述不赘），而非人们一直认为的风雅遣兴。此论是否成立？一时尚难定裁夺。不过颜鲁公所书"天下第二法帖"《祭侄文稿》倒是史料翔实记载的，并与风雷激荡的家国命运捆绑在一起的"血泪篇"。

自虞、欧、褚、薛四家由隋入唐，蔚成唐楷的新局面，即从太宗武德初年到玄宗天宝年间，也已经历一百二三十年了。在此期间，书法的波澜天天变化，很大的出入虽说没有，但这正是下一个高峰的孕育期。而代表新高峰新局面的便是人称"颜筋柳骨"的颜真卿与柳公权。

颜真卿字清臣，他的五代祖是北齐著名学者颜之推，曾祖是唐初学者颜师古。颜真卿从小是个孤儿，全靠母亲殷氏将他教大。玄宗开元年间举进士。

他在做官的初期便表现出卓越的才干和刚正的品格，也因此得罪了当时的宰相杨国忠。杨国忠把他从朝廷中排挤出去，作了平原太守。

那时正是玄宗年老昏淫之际，安禄山在渔阳坐拥重兵伺机造反之时。颜真卿预料安禄山必定要反，一旦反起，叛军必定要来平原。他便假托由于霖雨增修城隍，暗集兵力，

此图描绘的是唐玄宗避难入蜀这一历史题材，画家在表现这一主题时回避了唐玄宗逃难时的狼狈一面而将其粉饰为一派帝王游春行乐景象，所以此图又名《春山行旅图》。作者着重用青绿重色增强"春"的气息，条条山径迂回盘曲其间，危耸的栈道临于绝壑之中，天际飘动着朵朵白云，在这险峻的山岭之中，给人以气派宏伟之感。画面右上角，是直插入天的峭立岩壁，头戴帷帽的女子们骑马鱼贯穿行于山路。驮负行李的骆驼和腰系弓箭的士卒为女子们前导。画面右下方，身着红袍，骑三鬃马的唐玄宗正要过桥，逼仄的桥面和湍急的流水使得御马踌躇不前。沿着山路看去，一群挑夫卸下背囊，有的坐下歇息，马儿也稍喘口气，卧地打滚。再往前去，牵着骆驼和骑马的队伍正向上登高。画面左上部，云雾缭绕的山峰腰间，行旅的人马从悬空突出的栈道逆向而来，暗示双方将会相逢迂回曲折的狭路。

明皇幸蜀图
唐·李昭道
绢本设色
纵 55.9 厘米　横 81 厘米
台北故宫博物院藏

165　风雅"中兴颂"　徘徊"幸蜀图"

兼储粮械，以为守备之计。他每天与宾客饮酒划船为戏，骗过了安禄山的密探。等到安禄山叛军大起，河北望风降贼，只有一座平原孤城派了司马参军李平来报已坚守备战。从长安城中连夜逃出的玄宗才叹了一口气说："河北二十四郡无一忠臣。我不知颜真卿是何如人，他竟能如此！"这时的颜真卿已是大唐天下最早的唯一的一面爱国旗帜。一时饶阳、济南、清河、景城、邺郡等处都"各以众归"奉他为勤王的领袖。

他的哥哥颜杲卿这时作常山太守，把安禄山所派守土门的大将李钦凑、高邈等人斩了。土门等十七郡光复，推颜氏为盟主。这土门即是历来兵家共认的军略要地井陉，这样一来安禄山造反声势虽大，但安贼的归路却被颜家兄弟斩断了。这是生死关头，安贼的凶焰决不能不回烧。原来这一大举动，是他们兄弟秘密计划好了的。他们决定"相与起义兵犄角断贼归路，以纡西寇之势"。为传达机密，居中往来参与谋划的，便是真卿的外甥卢逖和杲卿的小儿子季明。

果然，安禄山凶焰回烧，派史思明将常山围困起来。颜杲卿孤城奋战了六昼夜，箭和粮食都尽了，连井水也竭了，于是城陷了。贼党胁迫杲卿投降，将刀架在季明的颈子上。杲卿不答，季明的头被反贼砍下来。杲卿被械送到洛阳仍当面痛骂安禄山。安禄山亲自叫人把杲卿绑在桥柱上"节解"了。杲卿的大儿子泉明由于被派出境，得以不死。泉明后来寻觅父尸，才知道父亲被"节解"时，是先断掉一只脚的。由这些节烈昭彰的事实，可知唐家江山虽然后来由郭子仪、李光弼等恢复，而其最初是由于颜氏父子兄弟惨烈的鲜血洗出来的。颜真卿在这一段家国惨痛的历史悲剧后，凝刻心魂，收摄血泪，写下了惊天地、泣鬼神的《祭侄季明文手稿》。

肃宗至德二年（757），真卿被任为宪部尚书，迁御史大夫，认真执法。后来屡因刚直，出入朝廷的外郡多少次。元载做宰相的时候，他为检校刑部尚书知省事。累进封鲁郡开国公，所以后代一直都称他为颜鲁公。

167 风雅"中兴颂" 徘徊"幸蜀图"

明皇幸蜀图(局部)

德宗建中四年（783），出身淮西偏裨的李希烈已经位至藩镇，兵陷汝州，又与逆将朱滔等称王反叛唐室。卢杞这时和德宗决定派颜真卿以重臣元老的身份去说服李希烈。这无疑是飞蛾扑火，以身饲虎，可他还是去了。

他在李希烈的势力之下，骂退李贼诱迫他作伪宰相的阴谋和屡次逼死的威胁，自己作就墓志，准备一死。直到李希烈攻破汴州，在大梁做伪楚皇帝的一年多时间，他始终囚系狱中。到了兴元元年（784）八月三日李贼终于派人将这位年近八十坚贞不屈的老人害死在汝州。

这样壮烈地死于奸臣陷害与逆臣谋杀的英雄人生，引起后世无穷的痛惜悲愤。宋朝米芾就做过一篇传奇文章，称鲁公不死，是羽化登仙。从这种幻想的神话中，可以看到他的殉节是如何深刻地影响到后人的想慕。这也必然影响到人们在作"字如其人"品评时的取舍。

在后世无数关于研究颜真卿书法艺术的文献中，潘伯鹰可谓法眼通神，持论深刻精当，表述清晰扼要。他认为颜楷正是以古为新，以拙为巧，行书起伏不见小处巧妙，而大处安排寓拙于巧，一派天真。若以二王法详细考验，却又无一不暗合古意。可知颜乃学古出今的典范。遂成唐书万千气象的一面旗帜。颜字到了北宋更加流行，欧阳修、苏东坡、黄庭坚三家都极力提倡颜字。这风气一直影响至今，不言可知。苏轼说得好，"颜公变法出新意，细筋入骨如秋鹰"，这是今天学颜者要特别重视的。即从学形学貌学笔学法，到学神学骨学魂学魂，直至学人学道，以求人书合一的通天大道。还有一点，面对颜书成就后人大多高山仰止，尊为楷范。但又不能深知鲁公绝非是为书而书的书家。他还是一位书以载道的政治家和"传教士"。了解颜氏"训诂""正字"的书外功夫，才是得识颜书堂奥的又一台阶。对于鲁公来说，能将跌宕起伏的人生阅历、哲理诗思的丰沛精神、茶酒情趣的真人态度合而为一，才能将正书、正字、政治合而为一，融合为积极进取的永恒动力。

因编撰《韵海镜源》，一大批江东名士聚于湖州，太守常聚众人联句唱和，形成"流连光景以及赠别应酬"的中唐诗风的"吴中诗派"。史家这样评论："唐人联句之盛，实起于大历、贞元时期的吴中地区。"颜真卿是核心人物，《全唐诗》共收入联句 136 首，其中属中唐时期的 103 首，而在湖州创作的联句超过了一半，有 53 首。而这 53 首湖州联句中，颜真卿为首的有 21 首，加上载于方志的《竹山连句》，则有 22 首。颜真卿所创《岘山联句》参加诗人之众，为唐人联句之冠。《竹山连句》为第二，并书写成《鲁公竹山连句帖》，其真迹流传至今。

颜真卿是湖州历史上一代贤守，湖州人也用多样方式挽留英灵。

颜真卿离开湖州之后 7 年、殉节之后 3 年，刺史杨顼在湖州州治大门外为故守颜真卿立《颜鲁公去思碑》，由前刺史陆长源写碑文。

北宋，湖州民间为其建祠，通判章衡塑像，祠在骆驼桥东放生池上。对颜真卿虽有微词的大书画家米芾到湖州谒颜真卿像，又撰《碑阴记》刻于《颜鲁公祠堂记》碑阴。米芾说颜鲁公：其英气仙骨，凛然如在。

南宋，湖州知州事汪藻上书于朝，称唐颜真卿祠堂一所，逮今四百年，州人奉祠不衰。一书《大唐中兴颂》，一座英雄纪念碑。

大唐书画作品中，能够如书法《中兴颂》这样直抵人心又拨动时代脉搏的绘画作品非李昭道《明皇幸蜀图》（下称《幸蜀图》）莫属。

"安史之乱"的终结、太上皇李隆基的"驾崩"和诗仙李白的辞世，使平凡的公元 762 年成了一个历史的"拐点"。这当然是一般史论家的观点。对于后世的普通人，他们也许更关心的是大唐王朝由盛而衰变故中那几个历史主角的身世命运。所以，白居易那一波三折、风生水起的《长恨歌》便成了咏叹这段历史的千古绝唱。古典绘画中能与此对应的则是这幅中唐李昭道所做的《明皇幸蜀图》。

崇山峻岭，白云缭绕，山回路转，栈道隐现，一队唐装人马行进于山路上。前行者沿山道而行。山间水溪旁的平坡，几人正卸下马匹、骆驼所驮的重物稍事歇息。右侧溪桥前缓行而来的人马显然是整个行旅队伍的中心，一穿绯衣乘赤骠者正欲策马过桥，几名佩弓者随侍其后。再后是几名头戴帷帽乘马而行的侍女以及远处崎岖的山路上尚可看到的骑行者。此图《石渠宝笈三编》定为宋人《关山行旅图》，当代学者据人物的服饰、内有帝王乘骑的"三花马"并结合山水的地域特征，考证图中所描绘应为唐玄宗李隆基为避安史之乱，行于蜀中的情景，旋改今名。

雄风一统的盛唐时代，画家在诠释对山水的领悟时，呈现了一种完全不同于前朝的堂皇而刚健的笔墨形式，出现了以"大、小李将军"——李思训、李昭道父子为代表的金碧山水画派。李思训和吴道子是开元年间齐名的画坛巨擘。相传两人曾同时为玄宗召去画嘉陵江风景。吴道子一日而成，李思训三月才毕。吴、李两人不同风格的乘物游心之画法，均为玄宗激赏。吴道子用笔随意而然，富于变化，以人物画的"六法俱全"画千里嘉陵，变工谨为豪放，用"天付劲毫"，画出了"吴家样"的山水气势；李思训用笔爽利，风骨峭然，山川峻伟，绵延百里，楼阁巍峨，高接云汉。这种将富丽堂皇的人造宫庙置于奇异秀丽自然山川的构图，似更能显示唐人的不凡气概。李昭道与父亲一样工于金碧山水，而且"变父之势，妙有过之"。所以张彦远才有唐风之变"始于吴而成于二李"的评论，也是董其昌将"二李"定为"北派"宗师的依据。

《明皇幸蜀图》将"玄宗幸蜀"这一历史事件中的人物和所表现的蜀地春山艳景糅合成一个"景不压人，人不抢景"的统一画面殊为难得。画面的主体虽是天际白云缭绕，崇山峻岭中蜀道迂盘，悬崖峭壁上栈道连天，山林葱郁，气象宏伟……但独具慧眼的苏东坡还是一下抓住了重点，他对这幅画的一处细节描述道："嘉陵三川，帝乘赤骠起三骏，与诸王及嫔御十数骑，出飞天岭下，初见平陆，马皆若惊，而帝马见小桥，作徘徊不进状。"可见李昭道虽然画的是"豆马寸人"，却刻画得须眉毕露，情态宛然。正是因为有了这样耐人寻味的"画眼"，这幅金碧山水的大块文章才显得生机勃发。

玄宗入川是"天宝十五载"的公元756年。七月，失守潼关，玄宗弃长安仓皇出逃。行至马嵬坡，六军不发，迫李隆基诛杀杨国忠父子并缢死杨贵妃。如此"幸蜀"，当然已非气宇轩昂、威加海内的天子巡狩，而是丧家辞庙的避乱。所以"幸"与不幸，当是应有之义。画家用金碧辉煌的山水来反衬人物内心的荒漠与暗淡更是高妙一笔。只是时人不识匠心苦，错把徘徊当徜徉。

对《明皇幸蜀图》的研究，历史上一直余续不绝。清人之所以将其错断为宋画，大概与那位自命风雅的乾隆爷有关。他在画中题道："年陈失姓氏，北宋近乎唐。"天子一言九鼎，底下以讹传讹就不足为怪了。这个历史错案终于在20世纪被翻了过来，不仅为李昭道找回了"著作权"，而且学者李霖灿还有一个新发现，纠正了我们对唐人的误读。这个"意外之喜"颇有趣，故一并录存。

《明皇幸蜀图》上唐明皇所乘的马亦神情宛然，它仍是体肥腹大的唐马典型，但是乍见小桥，举蹄作犹豫不进之状却令人欣赏，真是通灵的骏马。马鬃梳作三辫，这就是所谓的"三花马"。我们去对照美国宾夕法尼亚大学美术馆收藏"昭陵六骏"石刻中陪葬太宗的"飒露紫"，便知道"三花饰马"乃是御式，不是一般官员和庶民百姓可以随便使用的。由此可知李白诗中的"五花马，千金裘"中的马也是制式，而非是指"毛色杂驳的花马"。

一书风雅《中兴颂》，一画徘徊《幸蜀图》，个中的信息量之大，思想性之强，情感之波澜壮阔，纠结之盘根错节，真可抵得上半部唐书。

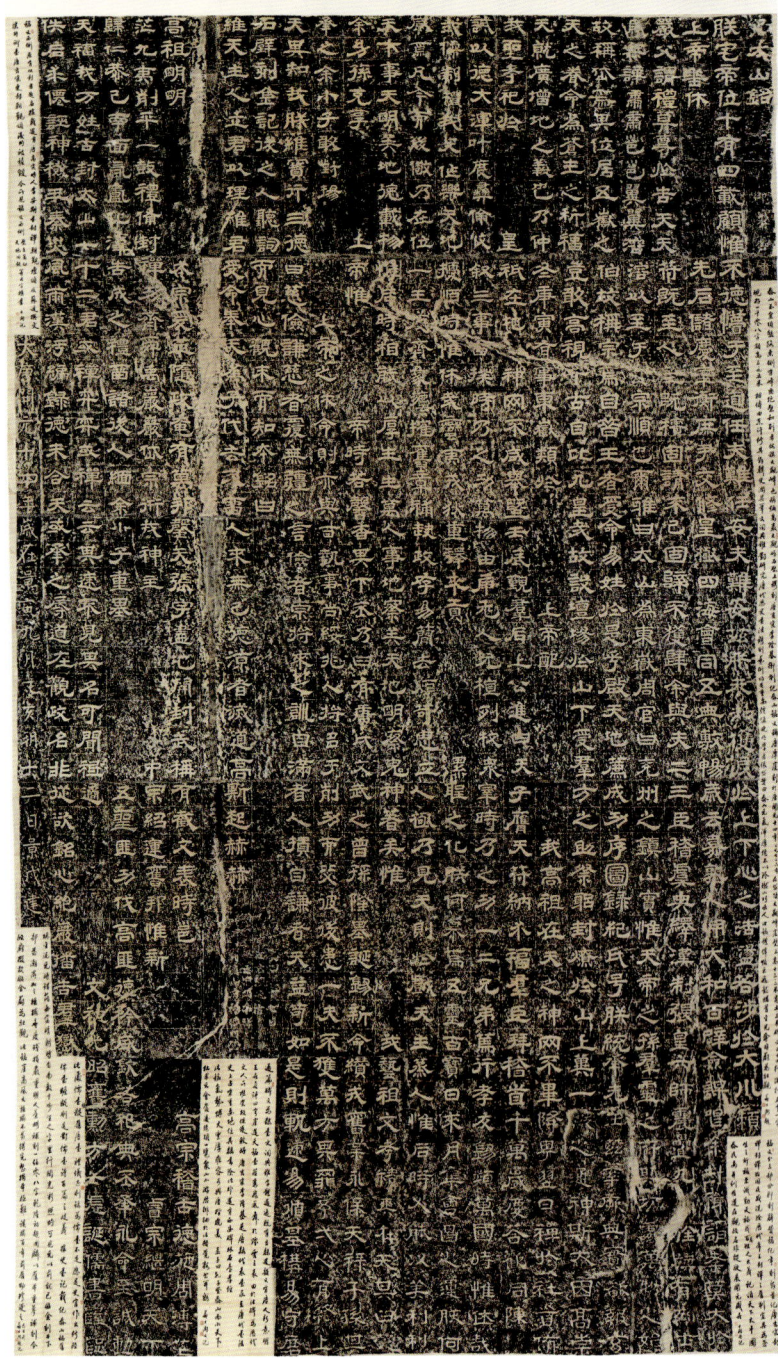

纪泰山铭
唐·李隆基（撰文）
清拓
纵 1320 厘米　横 530 厘米

苏士澍题

725年唐玄宗封禅泰山后撰书铭文《纪泰山铭》（亦称《东岳封禅碑》或《泰山唐摩崖》），翌年勒石泰山。摩崖高1320厘米，宽530厘米。正文隶书24行，满行51字，现存1008字，字大16厘米×25厘米。

《纪泰山铭》全文

朕宅帝位，十有四载，顾惟不德，懵于至道，任夫难任，安夫难安。兹朕未知，获戾于上下，心之浩荡，若涉于大川。赖上帝垂休，先后储庆，宰衡庶尹，交修皇极，四海会同，五典敷畅，岁云嘉熟，人用大和，百辟金谋，唱余封禅。谓孝莫大于严父，谓礼莫尊于告天。天符既至，人望既积，固请不已，固辞不获。肆余与夫二三臣，稽虞典，绎汉制，张皇六师，震叠九宇，旌旗有列，士马无哗，肃肃邕邕，翼翼溶溶，以至于岱宗，顺也。

《尔雅》曰：太山为东岳。《周官》曰：兖州之镇山。实惟天帝之孙，群灵之府。其方处万物之始，故称岱焉；其位居五岳之伯，故称宗焉。自昔王者，受命易姓，于是乎启天地，荐成功，序图录，纪氏号。朕统承先王，兹率厥典，实欲报玄天之眷命，为苍生之祈福，岂敢高视千古，自比九皇哉。故设坛场于山下，受群方之助祭；躬封燎于山上，冀一献之通神。斯亦因高崇天，就广增地之义也。

乃仲冬庚寅，有事东岳，类于上帝，配我高祖，在天之神，罔不毕降。粤翌日，禅于社首，侑我圣考，祀于皇祇，在地之神，罔不咸举。暨壬辰，觐群后，上公进曰：天子膺天符，纳介福。群臣拜，稽首，千万岁，庆答欢同，陈诚以德。大浑叶度，彝伦攸叙，三事百揆，时乃之功；万物由庚，兆人允植，列牧众宰，时乃之功。一二兄弟，笃行孝友，锡类万国，时惟休哉；我儒制礼，我史作乐，天地扰顺，时惟休哉。蛮夷戎狄，重译来贡，累圣之化，朕何慕焉；五灵百宝，日来月集，会昌之运，朕何感焉。凡今而后，儆乃在位，一王度，齐象法，摧旧章，补缺政，存易简，去烦苛，思立人极，乃见天则。

於戏！天生蒸人，惟后时乂，能以美利利天下，事天明矣；地德载物，惟后时相，能以厚生生万人，事地察矣。天地明察，鬼神著矣，惟我艺祖文考，精爽在天，其曰：懿余幼孙，克享上帝。惟帝时若，馨香其下。丕乃曰：有唐氏文武之曾孙隆基，诞锡新命，缵戎旧业，永保天禄，子孙其承之。余小子敢对扬上帝之休命，则亦与百执事尚绥兆人，将多于前功，而慭彼后患。一夫不获，万方其罪予；一心有终，上天其知我。朕维宝行三德，曰：慈、俭、谦。慈者，覆无疆之言；俭者，崇将来之训；自满者人损，自谦者天益。苟如是，则轨迹易循，基构易守。磨石壁，刻金记，后之人听词而见心，观末而知本。

铭曰：维天生人，立君以理，维君受命，奉天为子。代去不留，人来无已，德凉者灭，道高斯起。

赫赫高祖，明明太宗，爰革隋政，奄有万邦。罄天张宇，尽地开封，武称有截，文表时邕。

高宗稽古，德施周溥，茫茫九夷，削平一鼓。礼备封禅，功齐舜禹，岩岩岱宗，衍我神主。

中宗绍运，旧邦惟新。睿宗继明，天下归仁，恭己南面，氤氲化淳，告成之礼，留诸后人。

缅余小子，重基五圣，匪功伐高，匪德矜盛。钦若祀典，丕承永命，至诚动天，福我万姓。

古封太山，七十二君，或禅奕奕，或禅云云。其迹不见，其名可闻，祇適文祖，光昭旧勋。

方士虚诞，儒书龌龊，佚后求仙，诬神检玉。秦灾风雨，汉污编录，德未合天，或承之辱。

道在观政，名非从欲，铭心绝岩，播告群岳。

大唐开元十四年岁在景寅九月乙亥朔十二日景戌建

结束语

Conclusions

一眼识大唐也许是一句噱头，只为了向读者提供"第三只眼"看历史的一个新角度，毫无唐突历史研究学者们之轻谩，并乞大家指谬批评。

小书原不奢望能将三百年大唐说深讲透。大唐之国的盛衰之变及其背后的复杂原因，理当有鸿篇巨制来剖析梳理。尤其是通过书画来聚焦大唐时，也不应一味欢呼，缤纷起舞。至少要看到中国水墨营造的黑白世界和朴素美学也是反观盛世的另一面镜像。

读画乃人生一乐，倘有一孔之见能谋合民族文化复兴大业，则读者之喜，笔者幸甚。谨以七言俗句作为本书收束。

一书一画一大唐，一眼能识是辉煌。
千古风流云吹散，百年沧桑聚帆樯。
文脉汩汩前朝事，民气蒸蒸复兴邦。
中兴史笔书中兴，浩荡天风说浩荡。

2019 秋传铭记于建国 70 周年大庆前夜

作者 2019 年 3 月 20 日去国家文物局讨论国庆 70 周年特展"又见大唐"策展工作，此书也发端于此。门前白玉兰繁花照眼，诚吉兆也。

唐朝历史文化大事简表

公元	年号	皇帝	历史文化大事件
618	武德元年	高祖 李渊	李渊废隋杨侑，称帝建唐，改元武德。
626	武德九年		"玄武门之变"，李渊退位，李世民继位。
628	贞观二年	太宗 李世民	《大唐雅乐》修订完成。 唐高僧玄奘（602—664）西行取经。
630	贞观四年		四夷君长尊唐太宗李世民为"天可汗"。 史称"贞观之治"。
631	贞观五年		改隋文帝仁寿宫为九成宫（陕西麟游境）。
632	贞观六年		李世民避暑九成宫，命魏征撰文《九成宫醴泉铭》，欧阳询书。
635	贞观九年		李渊卒。 李靖大败吐谷浑。
636	贞观十年		李世民诏令阎立本画"六骏图"，阎立德雕刻，太宗亲自作《六马赞》并命欧阳询抄录，六骏：飒露紫、特勒骠、拳毛䯄、青骓、白蹄乌、什伐赤。
638	贞观十二年		虞世南卒。
641	贞观十五年		文成公主入吐蕃和亲。 阎立本《步辇图》取材于此。 欧阳询卒。
643	贞观十七年		阎立本绘《凌烟阁功臣二十四人图》。
645	贞观十九年		玄奘回到长安，从印度和中亚地区带回梵文佛典526箧，657部。
646	贞观二十年		玄奘撰《大唐西域记》。
648	贞观二十二年		平龟兹，唐始置安西四镇。
649	贞观二十三年		唐太宗李世民卒，褚遂良、长孙无忌同受太宗遗诏辅政。 王羲之《兰亭诗集序帖》随葬昭陵。何延之作于714年《兰亭序》一文叙述了萧翼赚"兰亭"始末。
650	永徽元年	唐高宗 李治	颁行《永徽律》。 王勃生。（传）
651	永徽二年		李思训生。
652	永徽三年		孙思邈撰成《千金方》。
655	永徽六年		高宗李治废王皇后，立武则天为皇后。
659	显庆四年		褚遂良卒。
664	麟德元年		玄奘卒。
673	咸亨四年		阎立本卒。
675	上元元年		王勃写《滕王阁序》。
676	上元三年		王勃卒。（传）
680	永隆元年		吴道子生。（传）
684	嗣圣元年	中宗 李显	在位2个月。
690	天授元年	武则天	武则天废睿宗称帝，改国号为周。
694	延载元年		波斯人佛多诞将摩尼教传入唐。

公元	年号	皇帝	历史文化大事件
697	万岁通天二年		王方庆进献王羲之、王献之等先祖十卷书翰。武则天命人"双钩填廓"为《万岁通天帖》。
701	大足元年		王维出生。 李白生。
702	长安二年		置北庭都护府。
704	长安四年		曹霸生。（传） 高适生。（传）
705	神龙元年	中宗 李显	张柬之等发动政变，唐中宗复位，复国号唐。
706	神龙二年		韩干生（传）。
709	景龙三年		金城公主入藏和亲。 颜真卿生。
710	景龙四年		刘知几撰成《史通》。
712	景云三年		杜甫生。
713	开元元年	玄宗 李隆基	薛稷卒
714	开元二年		何延之作《兰亭记》一文。
715	开元三年		岑参生。（传）
716	开元四年		李思训卒。
721	开元九年		玄宗命僧一行（张遂）改治新历（大衍历），率府长史梁令瓒创制游仪木样。
723	开元十一年		韩滉生 今有纸本《五牛图》存世。
724	开元十二年		僧一行用"黄道游仪"实测子午线。
725	开元十三年		玄宗封禅泰山，命陈闳、吴道子、韦无忝合作《金桥图》。
726	开元十四年		玄宗撰书铭文《纪泰山铭》。
733	开元二十一年		陆羽生。
744	天宝三年		李白被唐玄宗赐金放还。四月，杜甫与李白在洛阳相约同游梁、宋（今河南开封、商丘一带）。
745	天宝四年		唐玄宗下令将波斯（景教）寺改为大秦寺。
748	天宝七年		唐玄宗赐封杨贵妃的大姐为韩国夫人，三姐为虢国夫人，八姐为秦国夫人。
753	天宝十二年		鉴真东渡成功，抵达日本。
755	天宝十四年		安禄山陷东都洛阳，"安史之乱"爆发。
756	天宝十五年		玄宗李隆基幸蜀，太子李亨在灵武继位。
757	至德二年	肃宗 李亨	收复长安、洛阳东西二京，太上皇李隆基回京师长安。
758	乾元元年		颜真卿作《祭侄文稿》。
759	乾元二年		吴道子卒。
761	上元二年		元结写《大唐中兴颂》。颜真卿书，771年刻。 王维卒。
762	宝应元年	代宗 李豫	李隆基卒。李亨卒。 太子代宗豫嗣位。 李白卒。
763	宝应二年		平定"安史之乱"。

唐朝历史文化大事简表

公元	年 号	皇 帝	历史文化大事件
765	永泰元年		高适卒。（传）
768	大历三年		颜真卿任抚州刺史。 韩愈生。
770	大历五年		杜甫卒。 曹霸卒。（传） 岑参卒。
772	大历七年		白居易生。 刘禹锡生。
773	大历八年		颜真卿在湖州任上支持陆羽撰写《茶经》并邀请他一起参与编纂《韵海镜源》。 柳宗元生。
774	大历九年		颜真卿书《颜氏干禄字书》并勒石。
783	建中四年	德宗 李适	韩干卒。
784	兴元元年		颜真卿遇害。
787	贞元三年		韩滉卒。
791	贞元七年		李贺生。
801	贞元十七年		贾耽绘《海内华夷图》。 杜佑撰《通典》。
803	贞元十九年		杜牧生。
804	贞元二十年		陆羽卒。
809	元和四年	宪宗 李纯	元稹出使蜀地遇薛涛。
813	元和八年		李吉甫撰成《元和郡县图志》。 李商隐生。（传）
817	元和十二年		李贺卒。（传）
819	元和十四年		柳宗元卒。
823	长庆三年		立唐蕃会盟碑。
824	长庆四年		韩愈卒。
842	会昌二年	武宗 李瀍	刘禹锡卒。
843	会昌三年		柳公权书《神策军碑》。
845	会昌五年		会昌灭佛。
846	会昌六年		白居易卒。
852	大中六年	宣宗 李忱	杜牧卒。
858	大中十二年		李商隐卒。（传）
875	乾符二年	僖宗 李儇	王仙之、黄巢起义。
880	广明元年		黄巢称帝。 孙位随僖宗往蜀地。
907	天佑四年	哀帝 李柷	唐亡。

制表：杨佳黎

参考文献

潘伯英，《中国书法简论》，上海辞书出版社。
黄现璠，《唐代社会概略》，北京出版社。
葛承雍，《大唐之国》，生活·读书·新知三联书店。
孟久丽，《道德镜鉴》，生活·读书·新知三联书店。
朱关田，《吴兴太守道家流——颜真卿在吴兴》，浙江古籍出版社。
刘传铭，《中国经典·三百丛书》，文物出版社。
刘传铭，《草间即庙堂——传铭文存》，上海辞书出版社。

沙武田，《敦煌引路菩萨像画稿——兼谈"雕空"类画稿与"刻线法"》，《敦煌研究》。
李　翎，《"引路菩萨"与"莲花手"——汉藏持莲花观音像比较》，《西藏研究》。
侯　军，《品茶读画》（续），《深圳商报》。
包秀艳，《嵇康〈与山巨源绝交书〉论析》，《沈阳师范大学学报》。

作者介绍

刘传铭，文化学者，上海视觉艺术学院教授、文化艺术研究院院长，中国艺术研究院文化艺术高端智库专家委员，中国文化书院（北京大学）导师，上海交通大学神话研究院学术委员，深圳大学特聘教授，中国南社文史馆馆长，丝绸之路（新疆）国际文化传播中心理事长，中国文物保护基金会专家委员。
中国外文局重点项目大型丛书《丝路百城传》总主编。
中国国家文物局、辽宁省委宣传部联合主办大型文物展"又见大唐"总策展人。
中国中央电视台《百年巨匠》百集大型纪录片总撰稿。

图书在版编目（CIP）数据

一眼识大唐 / 刘传铭著. -- 北京: 新星出版社， 2019.10
ISBN 978-7-5133-3718-2

Ⅰ.①一… Ⅱ.①刘… Ⅲ.①中国历史 – 唐代 – 通俗读物 – 古代　Ⅳ.①K242.09

中国版本图书馆CIP数据核字（2019）第196690号

一眼识大唐

刘传铭 / 著

责任编辑　杨英瑜
责任印制　李姗姗
美术编辑　鲁　冰

出版发行　新星出版社
出 版 人　马汝军
社　　址　北京市西城区车公庄大街丙3号楼　100044
网　　址　www.newstarpress.com
电　　话　010-88310888
传　　真　010-65270449
法律顾问　北京市岳成律师事务所

读者服务　010-88310811　service@newstarpress.com
邮购地址　北京市西城区车公庄大街丙 3 号楼　100044

印　　刷　北京雅昌艺术印刷有限公司
开　　本　787mm×1092mm　1/16
印　　张　12.25
字　　数　140千字
版　　次　2019年10月第一版　2019年12月第二次印刷
书　　号　ISBN 978-7-5133-3718-2
定　　价　98.00元

版权专用，侵权必究；如有质量问题，请与印刷厂联系更换。